Folko Kullmann

DAS PERFEKTE
BEET

Pflegeleichte Blütenpracht
für jeden Standort

Ganz nebenbei Lebensraum für Schmetterling, Biene & Co. schaffen

DAS PERFEKTE BEET

Die richtige Pflanze für den richtigen Platz

Pflanzen wachsen und gedeihen nur dann optimal, wenn ihre Ansprüche an den Standort, an den Boden und die Lichtverhältnisse erfüllt werden. Der Weg zum perfekten Beet ist also eigentlich ganz einfach: Wenn Sie diese Ansprüche erfüllen beziehungsweise die Pflanzen passend zu den Begebenheiten in Ihrem Garten auswählen, wachsen sie (fast) von allein. Umgekehrt gilt: Passen der Standort oder

der Boden nicht, entwickelt sich die Pflanze nicht richtig. Sie schwächelt, Schädlinge und Krankheiten haben leichtes Spiel, kurz: Sie braucht viel mehr Pflege. Eben diese falsche Pflanzenauswahl ist die Ursache für viele, wenn nicht die meisten pflegeintensiven Gärten. Ein Rhododendron, der kühle Temperaturen, hohe Luftfeuchtigkeit und einen feuchten, leicht sauren und kalkfreien Boden braucht, wird seine volle Pracht niemals auf kalkhaltigen Schotterböden im trocken-heißen Franken enfalten können.

Zugegeben, das Angebot auf Gartenmärkten, in Baumschulen, Staudengärtnereien und Gartencentern ist schon verführerisch. Lassen Sie sich nicht verleiten. Kaufen und pflanzen Sie nicht, was Ihnen gefällt, sondern das, was sich in Ihrem Garten halten kann. Dank der unglaublichen Auswahl zwischen Abertausenden von Arten und Sorten von Ziergehölzen, Rosen und Stauden bleibt eigentlich kein Wunsch unerfüllt.

In diesem Buch zeige ich, wie Sie mit dem 3 × 3-Check für jeden Standort im Garten bewährte und robuste Pflanzen auswählen, auch ohne große Gartenkenntnisse einen pflegeleichten und lebendigen Garten anlegen und dabei gleichzeitig einen Lebensraum für Vögel, Insekten und anderes Getier schaffen können. Mit der Natur, nicht gegen sie zu arbeiten – das ist der Schlüssel für perfekte Beete und für einen pflegeleichten Garten.

F. Kullmann

Der schnellste Weg zum Beet

JETZT WIRD DURCHGEBLÜHT: AM ANFANG STEHT

DER PLAN

Stauden, Rosen und Ziergehölze, Gräser und Farne. Angesichts dieser Fülle von Arten und Sorten hilft ein Plan, damit der Garten zum idealen Lebensraum für Menschen und Tiere wird.

Beete richtig planen

Sofort loslegen, das wäre schön!
Wer sich aber bereits vor dem Pflanzen einige
Gedanken macht, wird mehr vom Garten haben.

Neuer Garten, neues Beet. Einfach ab ins Gartencenter, den Einkaufswagen vollgepackt mit allem, was gerade blüht oder gefällt, dazu ein paar Säcke „Pflanzerde", Dünger und Rindenmulch „gegen Unkraut". So oder so ähnlich geschieht es hierzulande tausendfach in Gartencentern, Baumärkten und Gärtnereien. Zuhause angekommen, werden die Pflanzen dann irgendwo im Garten, wo gerade noch Platz ist, in die Erde gesetzt, eine ordentliche Portion Dünger dazu und eine dicke Schicht Rindenmulch drumherum, fertig ist das „neue Beet". Es gehört schon etwas Glück dazu, dass die Pflanzen nun anwachsen und gedeihen.

Wie beim Einrichten einer Wohnung ist es viel besser, sich vor dem Pflanzen ein paar Gedanken zu machen. Zum einen ist der Garten heute mehr als nur der Teil des Grundstücks, auf dem Pflanzen wachsen. Er ist zu einer Erweiterung des Wohnraums geworden, ein Platz, an dem man sich gern und lange aufhält. Der Aufenthalt im Garten macht aber nur dann Spaß, wenn der Garten gedeiht, es grünt und blüht, Vögel zwitschern und Insekten summen. Wenn man im Garten jedoch ständig an unliebsame Arbeiten wie Rasenmähen, Unkrautjäten, Heckeschneiden und dergleichen erinnert wird, kann einem die Lust auf einen Aufenthalt im „grünen Wohnzimmer" aber auch schnell vergehen. Viel Ungemach lässt sich vermeiden, wenn man die Vorgaben, die einem der Garten liefert, aufnimmt, berücksichtigt und zum eigenen Vorteil ausnutzt. Mit den passenden Pflanzen, einer geschickten Beetplanung und der entsprechenden Pflege ist das kein Hexenwerk.

» Perfekte Ausgangslage für das perfekte Beet: Wie eine leere Leinwand wartet der vorbereitete Boden auf die Bepflanzung.

Inspiration & Umsetzung

Inspirationen für schöne Beete und Gärten gibt es viele: An erster Stelle stehen sicher Bücher und Zeitschriften, das Internet mit inspirierenden Portalen wie Pinterest sowie Garten- und Pflanzengruppen in den Sozialen Medien und in Foren, aber auch die Gärten von Freunden, Beete und Pflanzungen in öffentlichen Parks und Botanischen Gärten. Diese Fülle macht die Auswahl nicht einfach.

Bei der Umsetzung in den „eigenen vier Gartenzäunen" ist es deshalb wichtig, sich nicht von unrealistischen Wunschträumereien leiten zu lassen. Genausowenig wie man in einem Zwölf-Quadratmeter-Schlafzimmer ein Zwei-Meter-Doppelbett, einen begehbaren Kleiderschrank und eine freistehende Schubladenkommode unterbringen kann, so wenig erfolgreich wird es sein, in einem nach Norden ausgerichteten, schattigen Garten üppig blühende Prärie- und Staudenbeete anzulegen, oder Rhododendren an einem heißen Südhang auf kalkhaltigem Boden zu pflanzen. Das Scheitern erfolgt mit Ansage: Die Pflanzen passen nicht zum Standort, kümmern, Unkraut, Schädlinge und Krankheiten machen sich breit. Das muss nicht sein!

Wer konsequent nach dem Motto „der Standort bestimmt die Pflanzen" gärtnert, wird mit blühenden Beeten belohnt. Wie das geht, erfahren Sie auf den folgenden Seiten. Doch zuerst sind noch etwas Planungstheorie und ein paar Praxisgrundlagen gefragt, damit die Umsetzung so wird, wie Ihr neues Beet: perfekt.

Gärtnern mit dem Klimawandel

Hitzesommer, Trockenheit, Starkregen, Gewitter und Hagel. Der Klimawandel bringt ganz schön Aufruhr in den Garten.

Spätestens seit Mitte der 1980er-Jahre ist klar, dass der Klimawandel nicht kommt, sondern da ist. Beinahe in jedem Jahr steigen die Durchschnittstemperaturen an, die Anzahl der Hitzesommer mit lang anhaltender Trockenheit nimmt zu und schneereiche, kalte Winter werden immer seltener. Wir werden also in Zukunft anders gärtnern (müssen) als unsere Eltern und Großeltern.

Hitze & Trockenheit

Die immer häufiger auftretenden und immer länger andauernden Hitzeperioden bedeuten für viele klassische Garten-pflanzen wie *Phlox* und Rittersporn Stress pur. Auch immergrüne Koniferen (Nadel-gehölze) und viele andere Gartenpflanzen vertragen auf Dauer weder Hitze noch Trockenheit. Der allbekannte „englische" Rasen ist ebenfalls einer der Verlierer des Klimawandels. Wo früher eine gelegentliche Beregnung die Folgen der sommerlichen Wärme ausgleichen konnte, ist es heute vielerorts kaum mehr möglich, mit dem Gießen nachzukommen. Das ist auch alles andere als sinnvoll, denn es ist nur eine Frage der Zeit, bis wir auch in Mitteleuropa Einschränkungen bei der Verwendung von Trinkwasser zur Gartenbewässerung bekommen werden.

Top 5 der Klimawandelverlierer

Zu den Pflanzen, die hierzulande mittel-fristig in vielen Regionen nicht mehr gut gedeihen, weil sie mit Hitze und Trocken-heit nicht mehr zurechtkommen, gehören:
- Hortensien (*Hydrangea*),
- Rhododendren (*Rhododendron*),
- Astilben (*Astilbe*),
- Stauden-Phlox (*Phlox paniculata*),
- Buchs (*Buxus*).

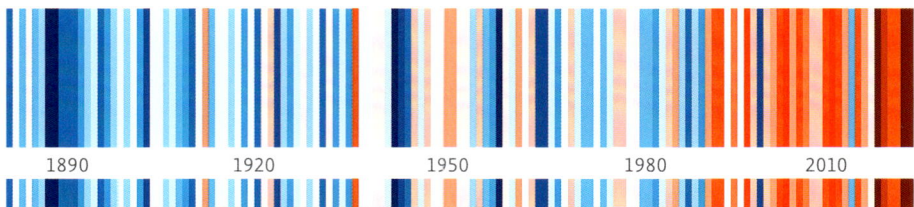

1890   1920   1950   1980   2010

❯❯ Die Veränderung der Durchschnittstemperatur in Deutschland von 1880 bis 2020 ist deutlich.

» Stauden und Gehölze, die längere Trocken- und Hitzeperioden überstehen, aber auch einen Winter mit Minustemperaturen von −15 oder −20 °C aushalten, sind die Gewinner des Klimawandels.

Buchs kommt eigentlich als Gehölz des Mittelmeerraums gut mit dem Klimawandel zurecht, wird aber zunehmend vom Buchsbaumzünsler bedrängt, der durch das wärmere Klima nach Mitteleuropa einwandert.

Top 5 der Klimawandelgewinner

Besonders aus den sommerheißen, aber winterkalten Steppenregionen Osteuropas und Westasiens sowie den Prärien Nordamerikas kommen zahlreiche trockenheits- und hitzeverträgliche Stauden zu uns. Die Gewinner sind:
- Palmlilien (*Yucca*),
- Wolfsmilch-Arten (*Euphorbia*),
- Edeldisteln (*Eryngium*),
- Pfingstrosen (*Paeonia*),
- Rosen (*Rosa*-Arten und -Sorten).

Der Schlüssel zum perfekten Beet ist es also, von vornherein nur Gewächse in den Garten zu pflanzen, die mit den Bedingungen vor Ort und den in der Zukunft zu erwartenden klarkommen. Einfach ohne Plan draufloszupflanzen führt nur zu Frust und Misserfolg.

Tipp

Die milden Winter der letzten Jahre haben viele Gartenbesitzer verleitet, exotischen Versuchungen wie Baumfarnen, Faserbananen, Hanfpalmen und anderen Gewächsen aus milderen Regionen zu erliegen. Die Gefahr kalter Winter bleibt jedoch auch bei steigenden Durchschnittstemperaturen bestehen. Daher sollte man mit dem Auspflanzen von Exoten außerhalb von Weinbauregionen vorsichtig sein.

Etwas Theorie: die Lebensbereiche

Die richtige Pflanze am richtigen Platz – das ist der Schlüssel für perfekte Beete, für einen schönen Garten.

Anfang der 1980er-Jahre veröffentlichten Richard Hansen und Friedrich Stahl, der eine Wissenschaftler an der Lehr- und Forschungsanstalt für Gartenbau in Freising-Weihenstephan bei München, der andere Gartenarchitekt aus Nürnberg, ein Konzept, bei dem der Garten in verschiedene Lebensbereiche eingeteilt wird. Passend zu diesen Bereichen haben sie dann standortgerechte und dadurch pflegeleichte Pflanzungen entwickelt.

Der Grundgedanke ist so einfach wie genial: Stauden wachsen und gedeihen wie alle Pflanzen besser, leben länger und brauchen weniger Pflege, wenn sie an einem Platz wachsen, an dem sie sich wohlfühlen. Nach diesem Prinzip wird der Garten in sieben verschiedene Zonen eingeteilt, die sogenannten Lebensbereiche: Gehölz, Gehölzrand, Freifläche, Wasserrand, Wasser, Steinanlagen und Beet. Diese sieben Hauptzonen werden dann je nach Standortverhältnissen wie Licht und Bodenfeuchtigkeit noch weiter unterteilt.

Jedem Lebensbereich ist ein natürliches Biotop mit typischen Pflanzengesellschaften zugeordnet. Am sonnigen Waldrand wachsen dieselben Pflanzen wie im Halbschatten unter überhängenden Ästen. An einem Weiher gedeihen die Pflanzen, die

❯❯ Typisches Prachtstaudenbeet mit Rittersporn, Steppen-Salbei, Storchschnabel und einer Rose.

» Kiesbeete brauchen selbst bei lang anhaltender Trockenheit und großer Hitze keine zusätzliche Bewässerung.

sich auch in oder am Gartenteich wohlfühlen. Das Ziel der Forschung war es, Gartenpflanzenkombinationen zu entwickeln, die wie die natürlichen Verwandten in Wald, Feld und Flur über Jahre stabil bleiben, wenig gepflegt werden müssen und wirklich dauerhaft sind. Im Lauf der Zeit wurde das Konzept immer weiter verfeinert und gärtnerisch weiterentwickelt, denn man wollte ja nicht nur einheimische Pflanzen, sondern prächtige Stauden und andere Pflanzen im Garten haben.

Auf ähnliche Ideen kamen auch Gartenplaner in anderen Ländern. So hat in England Beth Chatto mit ihrem Konzept „right plant, right place" (die richtigen Pflanzen am richtigen Standort) eine neue Garten- und Pflanzenkultur begründet. Ganz gleich, wer es erfunden hat – das Revolutionäre ist der Ansatz, dass der Standort die Pflanzenauswahl bestimmt und nicht umgekehrt.

Neben Spezialisten, die sich nur an einem bestimmten Standort wohlfühlen, gibt es auch eine ganze Reihe von Allroundtalenten, die beinahe überall wachsen. Die Pflanzenmischungen, die in den verschiedenen Beettypen ab Seite 54 beschrieben werden, basieren auf Pflanzengemeinschaften, die auch in der Natur zusammen vorkommen oder ähnliche Ansprüche haben. Führen Sie sich bei der Auswahl der Pflanzen, die in Ihr neues Beet im Garten einziehen sollen, immer den vergleichbaren Standort in der Natur vor Augen – dann kann fast nichts mehr schiefgehen.

Gute Staudengärtnereien geben für jede Pflanze immer den passenden Lebensbereich an. Das System scheint anfangs zwar etwas kompliziert zu sein, doch wenn man sich einmal hineingefuchst hat, geht die Pflanzenauswahl fast wie von selbst von der Hand.

>> Im Halbschatten oder lichten Schatten unter Bäumen und Sträuchern gedeihen diese Funkien und Storchschnäbel.

Freifläche

Volle Sonne, kein oder kaum Schatten, der Boden mehr oder weniger feucht oder sogar knochentrocken – hier fühlen sich die Heerschaaren der Prärie- und Steppenstauden, viele Gräser und die ganze Palette prächtiger Kiesgartenstauden wohl. Typische Vertreter für trockenere Standorte sind Steppenkerze, mediterrane Kräuter, Palmlilien (*Yucca*), Schafgarbe (*Achillea*), Bart-Iris und Brandkraut (*Phlomis*) sowie Duftnesseln (*Agastache*).

Wenn der Boden etwas feuchter ist, fühlen sich Astern, Sonnenhüte (*Rudbeckia*), Scheinsonnenhüte (*Echinacea*) und die Sonnenbraut (*Helenium*) wohl. Weitere mögliche Pflanzen sind Fackellilien (*Kniphofia*), Weiderich (*Lythrum*), Prachtscharte (*Liatris*) und Indianernessel (*Monarda*).

Gehölz & Gehölzrand

Laub- und Mischwald sind das Vorbild für diesen Lebensbereich. Stellen im Garten, an denen Laub im Herbst liegen bleiben darf, bieten die unterschiedlichsten Lichtverhältnisse: von licht- über halbschattig bis

vollschattig. Die Bodenfeuchtigkeit variiert von trocken (im Wurzelbereich der Bäume) bis dauerfeucht in Senken oder in der Nähe von (natürlichen) Gewässern.

Im Garten sind die Nordseite des Hauses und natürlich der Bereich unter großen Bäumen und Sträuchern typische Zonen mit diesen Eigenschaften. Unter Nadelbäumen ist es ganzjährig trockener, unter Laubgehölzen, die die Blätter im Herbst abwerfen, ist es im Winter und im Frühjahr feuchter. Hier fühlen sich Farne, Blattschmuckstauden und verschiedene Bodendecker wohl. Wo es heller, wärmer, aber auch meist etwas trockener ist, wachsen verschiedene Frühlingsblüher, Storchschnäbel, Glockenblumen und Astern.

Beet

Bei der Einteilung der Gartenräume ist das Beet der einizige künstliche Lebensraum. In ihm wachsen Pflanzen, die viel Sonne, einen nährstoffreichen Boden und eine gleichmäßige Wasserversorgung benötigen. Das klassische Prachtstaudenbeet mit Bewohnern wie Rittersporn (*Delphinium*) und Stauden-Phlox (*Phlox paniculata*), Garten-Margeriten (*Leucanthemum*) und Prachtspiere (*Astilbe*) ist eigentlich ein Verlierer des Klimawandels. Eine modernere Variante sind prächtige Beete mit Stauden, die auch mal etwas Trockenheit vertragen, wie Sonnenbraut (*Helenium*), Sonnenhüten (*Rudbeckia*), Scheinsonnenhüten (*Echinacea*), Fackellilien (*Kniphofia*), Edeldisteln (*Eryngium*), Storchschnäbeln (*Geranium*) und Indianernesseln (*Monarda*). Auch Taglilien (*Hemerocallis*) haben sich in den letzten Hitzejahren gut bewährt. Der Übergang von einer sonnigen Freifläche mit Prärie- und Steppenstauden und Gräsern zu einem typischen Prachtstaudenbeet kann also fließend sein.

Weitere Lebensbereiche

Während die zuvor genannten Lebensbereiche und Beettypen typisch für jeden
Garten sind, gibt es noch weitere Lebensräume, die ihr Äquivalent im Garten haben.

Steinanlage und Alpinum. In sonnigen
und kargen Felsspalten im Gebirge und auf
Geröllhalden wachsen zahlreiche Pflanzen,
die sich im Garten in Gehwegfugen, in
Ritzen von Trockenmauern, auf begrünten
Dächern und in Trögen wohlfühlen.

Karthäuser-Nelken (*Dianthus carthusi-
anorum*), Fetthennen (*Sedum*), Dach- und
Hauswurz (*Sempervivum* und Co.) und
verschiedene Wolfsmilcharten (*Euphorbia*)
gedeihen an heißen und trockenen Stellen.

Dort, wo es etwas feuchter und nicht
ganz so heiß ist, am Fuß von Mauern
beispielsweise, wachsen polsterförmige
Glockenblumen (*Campanula*), Blaukissen
(*Aubrietia*) und Steinkraut (*Alyssum*).

Wasserrand und Wasser. An sumpfigen
Stellen sowie im Bereich von Teichen und
Bachläufen wachsen viele Stauden, die sich
nach Feuchtigkeitsbedarf einteilen lassen.

Echte Sumpfpflanzen wie Sumpf-
Vergissmeinnicht (*Myosotis scorpioides*),
Sumpf-Iris (*Iris pseudacorus*) und Gaukler-
blumen (*Mimulus*) leben in der feuchten bis
nassen Übergangszone vom Wasser zum
sumpfigen Uferrand. Sie vertragen auch
Staunässe problemlos. Dauerfeucht muss
auch der Standort für Sumpf-Dotterblume
(*Caltha palustris*) und Mädesüß (*Filipendula*) sein, die am Teichrand gedeihen.

Im feuchten Übergang vom Teichrand
zum normalen Gartenboden wachsen son-
nenliebende Blattschmuckstauden wie
Tafel- (*Astilboides*) und Schildblatt
(*Darmera*), Goldkolben (*Ligularia*), aber
auch Bergenien und Taglilien. Hier finden

❯❯ **Oben:** In Spalten und Ritzen gedeihen Stein-
gartenpflanzen.
❯❯ **Unten:** Teich- und Teichrand mit feuchtig-
keitsliebenden Stauden.

sich viele Stauden für sonnige, feuchte
Beete (siehe Seite 68).

Die Flachwasserzone wird von Frosch-
löffel, Hechtkraut, Tannenwedel und
Blumenbinse besiedelt. Im tiefen Wasser
wachsen See- und Teichrosen, außerdem
frei schwimmende Wasserpflanzen wie
Tausendblatt und Krebsschere.

Der Garten als Lebensraum

Gärten sind zu Rückzugsorten für bedrohte Tiere geworden. Mit ein paar Tricks locken Sie Wildtiere in Ihr grünes Reich.

Was früher die „freie Natur" war, ist heute größtenteils eine artenarme, industrielle Forst- und Agrarlandschaft. Vielfalt, verschiedene Biotope, Rückzugsorte und Nahrungsquellen? Fehlanzeige. Daher sind Gärten heutzutage als Refugium für gefährdete Tierarten wichtiger denn je. Untersuchungen in Großbritannien haben 2019 ergeben, dass in naturnahen Gärten mehr Tiere – Vögel, Insekten, Spinnen, Mollusken (also Schnecken), Amphibien wie Molche, Kröten und Frösche, Reptilien wie Eidechsen und Blindschleichen und Säugetiere wie Spitzmäuse und Igel vorkommen als in vielen Naturschutzgebieten. Mehr als 2500 Tierarten konnten in Gärten nachgewiesen werden, darunter 650 Schmetterlings- und an die 100 Vogelarten. Es gibt sogar Schätzungen, die von etwa 10 000 Arten ausgehen, was etwa einem knappen Viertel aller in Deutschland heimischen Tierarten entspricht.

Warum sind Gärten so wertvolle Lebensräume? Der Grund ist die Mischung vieler verschiedener Biotope auf verhältnismäßig kleinem Raum. Trockene Bereiche finden sich neben feuchten und schattigen. Es gibt neben Beeten mit vielen verschiedenen Pflanzen auch Bereiche mit Wasser und Steinen, Flächen mit Sand, Kies, Laub, Haufen mit Ästen und Zweigen und – nicht zu vergessen – den Kompost. Jeder dieser Bereiche wird von verschiedenen Tieren genutzt – als Unterschlupf, für die Aufzucht von Jungen oder die Brut, zum Überwintern oder als Nahrungsquelle.

Ein Garten, der ein Refugium für viele Tiere bietet, ist auch ein Garten, der uns Menschen als Lebensraum und Rückzugsort vom Alltagsstress dient.

» In einer feuchten, schattigen Gartenecke bieten ein paar alte Holzstämme oder Äste Käfern und anderen Tieren Unterschlupf.

Naturnahe Gärten

Einen Naturgarten oder einen naturnahen Garten anzulegen heißt nicht, ein paar Wildblumensamen zu verstreuen und dann alles sich selbst zu überlassen. Damit ein Garten naturnah wird, sind folgende Gestaltungsmaßnahmen notwendig.

Standortgerechte Pflanzenauswahl. So entstehen natürliche und naturnahe, ausdauernde Pflanzengemeinschaften in den Beeten, die wenig Pflege brauchen.

Keine Monokulturen. Ein „englischer" Rasen besteht aus nicht mehr als einer Handvoll Gräserarten, die mit viel Pflege, künstlicher Bewässerung und Herbiziden gepäppelt werden müssen. Die bessere Alternative ist ein Blumen- und Kräuterrasen, der genauso grün ist, viele Blüten hat und Trockenperioden besser übersteht.

Blütenhecken. Hecken aus blühenden Sträuchern bieten Unterschlupf und Nahrung für Vögel und Insekten. Immergrüne Hecken aus Lorbeerkirsche, *Thuja* und Scheinzypresse eignen sich zwar als Sichtschutz und ab und zu brütet auch mal eine Amsel im dichten Grün, doch das war es auch schon mit dem ökologischen Wert.

Offene Flächen. Wege, die wenig genutzt werden, brauchen nicht gepflastert zu werden. Sand- oder Kiesbeläge lassen Regenwasser versickern. Auch Rindenmulch und Holzhackschnitzel eignen sich als Belag für Pflegewege in den Beeten.

Breite Fugen. Lassen Sie die Fugen zwischen den Platten von Terrassen und Wegen offen und versiegeln Sie sie nicht. So kann Regenwasser versickern, und in den Fugen siedeln sich Kräuter und Blumen wie Thymian und Glockenblumen an.

Ungefüllte Blüten. Pflanzen Sie Stauden und Rosen mit einfachen, ungefüllten Blüten an. Sie bieten Insekten mehr Pollen und Nektar als gefüllte Blüten.

❱ Kugeldisteln (*Echinops*) sind wahre Insektenmagneten und ziehen Wildbienen, Hummeln und Schmetterlinge magisch an.

Futter für alle. Denken Sie nicht nur an die erwachsenen Schmetterlinge, sondern auch an ihre Raupen. Wer Tagpfauenaugen anlocken möchte, muss für ihre Raupen auch ein paar Brennnesseln im Garten stehen lassen.

Tipp

Sie müssen nicht immer nur einheimische Pflanzen einsetzen, wenn Sie Tieren im Garten Nahrung und Lebensraum bieten möchten. Wichtig ist, dass die Pflanzen Nahrung und Unterschlupf bieten. Einer Hummel ist es gleich, ob sie Pollen und Nektar für die Brut von einem heimischen Wiesen-Salbei oder einem osteuropäischen Steppen-Salbei sammelt. Wichtig sind Vielfalt und ein paar wilde Ecken, in denen der Natur ein freier Lauf gelassen wird.

Los gehts: den Garten kennenlernen

Ganz wie beim Einrichten einer Wohnung steht beim Anlegen eines Beets vor dem Pflanzen erst einmal eine Bestandsaufnahme an.

Jeder Garten ist anders und hat besondere Ecken, Plätze und Herausforderungen. Ganz gleich, ob Sie eine triste Bauwüste rund um einen Neubau begrünen und mit Leben füllen möchten, einen bereits bepflanzten Garten übernommen haben oder Ihren alten Garten etwas aufmöbeln wollen – Sie müssen den Garten genau unter die Lupe nehmen und seine Zonen, Bereiche und Eigenheiten festhalten.

Größe

Wie groß ist der Garten, wie viel Fläche sollen die Beete einnehmen? Das ist wichtig, um den Aufwand zu bestimmen, also wie viel Zeit und wie viele Pflanzen Sie später einmal benötigen werden.

Lage & Ausrichtung

Ganz entscheidend für das Kleinklima im Garten und die Auswahl der Gewächse für die Bepflanzung der Beete ist die Ausrichtung (Exposition, Himmelsrichtung) des Gartens. Eine nach Süden ausgerichtete Fläche ist heißer und trockener als ein Beet auf der Nordseite hinter dem Haus. Auch Bäume, Sträucher, Garagen oder benachbarte Gebäude beeinflussen den Sonnenlichteinfall. Bedenken Sie auch, dass die Sonne im Winter tiefer steht und viele Bereiche in den Monaten von Oktober bis März weniger oder gar keine direkte Sonne bekommen. Das ist vor allem bei nach Norden ausgerichteten Grundstücken der Fall.

Ein weiterer Faktor, der die Bepflanzung beeinflusst, ist die Windrichtung. Normalerweise weht der Wind in unseren Breiten hauptsächlich aus Westen, aber benach-

❯❯ Ein Hang bietet vielfältige Bepflanzungsmöglichkeiten auf kleinem Raum. Die oberen Bereiche sind meist trocken, die unteren durch das Hangwasser feuchter.

» Der Verlauf der Sonne beeinflusst die Standortverhältnisse. Der steile Hang oben rechts zeigt nach Osten und bekommt nur morgens Sonne. Die Fläche links und vorn wird den ganzen Tag beschienen und ist viel trockener.

barte Häuser und Durchgänge, hohe Zäune und Sichtschutzelemente können wie Windkanäle wirken und die Luftströmung beschleunigen. Besonders Schattenstauden mit weichen, großen Blättern leiden bei Wind und bekommen zerschlissenes oder ausgetrocknetes Laub.

Umgebung

Die Umgebung außerhalb des Gartens kann in den seltensten Fällen geändert werden. Ein schöner Ausblick in die Landschaft oder den Nachbargarten kann genutzt werden, doch viel wichtiger ist es, unerwünschte Einblicke und Lärm von der Straße und von den Nachbarn zu verhindern oder abzumildern. Dazu sind nicht nur Hecken und Sichtschutzwände perfekt, auch hohe Stauden, Bambus oder Gräser sorgen für Privatsphäre. Denken Sie auch an Sicht-

schutz nach oben, beispielsweise mithilfe einer Pergola.

Hanglagen & Senken

Gärten am Hang sind in vielerlei Hinsicht eine Herausforderung. Schräge Bereiche können terrassiert werden, um sie als Sitzplatz, zum Sonnen oder Spielen zu

Tipp

Seit etlichen Jahren öffnen viele private Gärtner im Sommer an einigen Wochenenden ihren Garten für Besucher. Das ist eine ideale Gelegenheit, um sich zu informieren und inspirieren zu lassen. Sie können auch sehen, welche Pflanzen in der unmittelbaren Nachbarschaft gedeihen – und welche vielleicht eher kümmern und nur Arbeit machen.

Da kalte Luft nach unten sinkt, sammelt sie sich in Senken oder am Hangende vor Hecken oder Mauern. Hier ist es daher im Winter länger kühl, was bei der Pflanzenauswahl berücksichtigt werden muss. Sonnenhungrige, an trockene Böden angepasste Pflanzen wie Palmlilien, Königskerzen und Edeldisteln kümmern hier in den meisten Fällen.

Boden & Bodenfeuchtigkeit

Für die Gestaltung eines Beetes spielt der Boden eher eine untergeordnete Rolle, aber er bestimmt neben der Besonnung die Auswahl der zur Verfügung stehenden Pflanzen. Grundsätzlich ist es in begrenztem Maße möglich, den vorhandenen Boden ein wenig zu verbessern oder zu verändern, aber im Großen und Ganzen ist es einfacher, sich mit den vorhandenen Gegebenheiten abzufinden. Gegen die Natur anzugärtnern führt trotz viel Arbeit nur zu kümmerlichen Pflanzen und bringt entsprechenden Frust mit sich.

Sandböden erwärmen sich im Frühjahr schnell und lassen sich leicht bearbeiten. Beim Zerreiben zwischen den Fingern fühlt sich der Boden rau und körnig an. Da Regen- und Gießwasser hier schnell versickern, wachsen trockenheitsverträgliche Pflanzen auf Sand am besten. Mit Kompost und Gesteinsmehl können Sie die Wasser- und Nährstoffhaltefähigkeit von Sandböden etwas verbessern.

Tonböden lassen sich wie Knetmasse zu Würsten und Kugeln formen. Sie können eine Menge Wasser und viele Nährstoffe speichern, verdichten sich aber auch schnell. Pflanzen wachsen oft schlecht an, da die feinen Wurzeln nur schwer in die feste Erde eindringen können. Sand und Kompost eignen sich, um Tonböden aufzulockern.

» Nicht standortgerecht: An der sonnigen, trockenen Südseite vor der Hauswand wurden schatten- und feuchtigkeitsliebende Funkien gepflanzt. Kein Wunder, dass sie kümmern und ihr volles Potenzial nie entfalten werden.

nutzen. Aber auch steile Hänge lassen sich mit den geeigneten Pflanzen hervorragend verschönern (und nebenbei auch vor dem Abrutschen sichern).

Hänge und Gärten in einer Senke haben ein ganz eigenes Mikroklima und ermöglichen oft vielfältige Bepflanzungen. Während die höher gelegenen Bereiche eines Hangs trocken sind, sammelt sich in den unteren Bereichen die Feuchtigkeit. Besonders an Böschungen bleibt es dann oft dauerhaft feucht, während die Zone darüber trocken ist. Hier können Sie viele verschiedene Pflanzen mit unterschiedlichsten Ansprüchen auf kleinem Raum miteinander kombinieren. Allerdings finden auch Schnecken die dauerfeuchte Erde anziehend.

Lehmböden sind eine Mischung aus Sand- und Tonböden. Die Erde fühlt sich samtig bis mehlig an, wenn man sie zwischen den Fingern zerreibt, nicht so weich und glitschig wie Ton und auch nicht so rau wie ein Sandboden. Lehmböden verschlämmen und verkrusten nach einem Starkregen schnell. Daher ist eine Mulchschicht aus Laubhumus, Kompost oder Sand beziehungsweise Kies sinnvoll.

Zeigerpflanzen

Viele Pflanzen, die schon im Garten wachsen, verraten etwas über die Beschaffenheit und die Eigenschaften des Bodens. Daher nennt man sie Zeigerpflanzen. Sie haben sehr spezielle Ansprüche und gedeihen nicht überall. So gibt es Pflanzen, die keinen Kalk vertragen und nur auf sauren Böden wachsen, und solche, die ohne Kalk nicht gedeihen. Andere fühlen sich nur auf feuchten oder trockenen, schweren, verdichteten oder lockeren, sandigen Böden wohl oder brauchen viel oder wenig Nährstoffe. Wenn ihnen ein Platz im Garten zusagt, dann vermehren sie sich schnell, breiten sich großflächig aus und verdrängen andere Pflanzen. Auch auf die vorherige Bewirtschaftung oder Verdichtungen lassen Zeigerpflanzen Rückschlüsse zu. Unkräuter im Garten geben wertvolle Hinweise, welche Gartenpflanzen geeignet sind und genauso gut oder besser wachsen als die unerwünschten „Beikräuter".

Stickstoffreicher Boden: Brennnessel, Ehrenpreis, Franzosenkraut, Gänsedistel, Gänsefuß, Giersch, Hirtentäschelkraut, Holunder, Kamille, Kletten-Labkraut, Löwenzahn, Melde, Quecke, Taubnessel, Vogelmiere.

Stickstoffarmer Boden: Acker-Fuchsschwanz, Acker-Hohlzahn, Behaarter Klappertopf, Besenginster, Hornkraut, Hungerblümchen, Hundskamille, Wicke, Ziest.

Kalkreicher Boden: Acker-Glockenblume, Acker-Winde, Brennnessel, Ehrenpreis, Gänsedistel, Huflattich, Klatsch-Mohn, Klee, Leberblümchen, Löwenzahn, Ringelblume, Rittersporn, Storchschnabel, Skabiose, Taubnessel, Wegwarte, Wiesenknopf, Wiesen-Salbei.

Kalkarmer, saurer Boden: Adlerfarn, Gänseblümchen, Hundskamille, Sauerklee, Schachtelhalm, Stiefmütterchen.

Humusreicher Boden: Brennnesssel, Löwenzahn, Vogelmiere.

Nährstoffarmer Boden: Adlerfarn, Gänseblümchen, Hirtentäschel, Kleiner Wiesen-Sauerampfer, Margerite, Sauerklee, Stiefmütterchen, Weißklee.

Nährstoffreicher Boden: Brennnessel, Distel, Franzosenkraut, Weißer Gänsefuß, Hirtentäschel, Huflattich, Melde, Sauerampfer, Vogelmiere.

Verdichteter, nasser Boden: Acker-Minze, Acker-Schachtelhalm, Ampfer-Knöterich, Beinwell, Breit-Wegerich, Gänsefingerkraut, Hahnenfuß, Huflattich, Kletten-Labkraut, Kriechender Hahnenfuß, Löwenzahn, Scharbockskraut, Wiesen-Knöterich, Wiesenknopf.

Trockener Boden: Färberkamille, Weiße Lichtnelke, Reiherschnabel, Storchschnabel, Wegerich.

Boden mit Staunässe: Ampfer-Knöterich, Gänsefingerkraut, Huflattich, Kriechender Hahnenfuß, Schachtelhalm, Großer Wiesenknopf.

Verdichteter, schwerer Boden (Lehm, Ton): Acker-Schachtelhalm, Breit-Wegerich, Gänsefingerkraut, Gänsedistel, Huflattich, Knöterich, Königskerze, Kriechender Hahnenfuß, Löwenzahn, Vogel-Knöterich.

Feuchter oder nasser Boden: Echtes Mädesüß, Gänsefingerkraut, Knöteriche, Kriechender Hahnenfuß, Schachtelhalm.

Kleine Theorie der Beetgestaltung

Für jeden Bereich im Garten gibt es die passenden Pflanzen. Mit einem einfachen Check finden Sie heraus, was wo wächst.

Stauden für perfekte Beete

Stauden sind mehrjährige, ausdauernde krautige Pflanzen, deren oberirdische Pflanzenteile im Gegensatz zu Bäumen und Sträuchern nicht (oder nur wenig) verholzen. Sie sind weich und sterben meist nach jeder Vegetationsperiode ab.

Wohl kaum eine Pflanzengruppe ist faszinierender und vielseitiger als die der Stauden. Wuchs und Erscheinungsbild, Größe, Breite und die Farbenvielfalt lassen keine Wünsche offen, wenn es um die Einsatzmöglichkeiten im Garten geht. Vom niedrigen Sand-Thymian (*Thymus serpyllum*), der trockene Fugen besiedelt, bis hin zur meterhohen Riesen-Sonnenblume (*Helianthus giganteus*) oder zu Giganten wie dem Mammutblatt (*Gunnera manicata*) – im verfügbaren Sortiment der Stauden gibt es für jede Beet- und Gartengröße die richtigen Kandidaten.

Tipp

Jede Pflanze hat einen botanischen Namen, der sich meist aus dem Gattungs- und dem Artnamen (manchmal auch noch dem Unterarten- und dem Sortennamen) zusammensetzt. Mit ihm kann jede Pflanze überall auf der Welt eindeutig benannt werden, und die Gefahr von Verwechslungen ist gering. Auch wenn es ungewohnt ist, lernt man die Namen beim Studieren der Kataloge schnell.

Auch bei den Blütenfarben bleiben keine Wünsche unerfüllt. Von Weiß über Gelb, Orange und Rot bis hin zu Rosa, Pink und Violett ist alles dabei. Auch die nicht ganz so häufige Blütenfarbe Blau ist in vielen verschiedenen Schattierungen und Nuancen vertreten. Ja, es gibt sogar Stauden mit tiefvioletten, fast schwarzen Blüten.

Stauden wachsen überall

Stauden wachsen fast überall. Zur Vielfalt der Blütenfarben, Wuchsformen und Größen kommt noch eine große Bandbreite bezüglich des Standorts, die von extrem trocken bis zu sumpfig feucht, von praller Sonne bis zu tiefem Schatten reicht. Angesichts eines Standardsortiments von fast 1500 Arten und Sorten, zu denen noch einmal mehrere Tausend Liebhaberarten und Raritäten kommen, fällt die Auswahl der richtigen Arten für den eigenen Garten nicht leicht. Die folgenden Tipps helfen bei der Orientierung.

Staudenbeete planen

Eine gute Struktur ist der Schlüssel zum perfekten Beet. Ganz gleich, ob der Standort sonnig, halbschattig oder schattig ist – bei der Planung eines Beets gibt es zwei Möglichkeiten: klassisch nach Höhen gestaffelt oder flächig mit niedrigen und hohen Stauden im Wechsel. Wichtig ist für

beide Varianten der 3 × 3-Check: Je nach-
dem, ob der Standort sonnig, halbschattig
oder schattig ist und der Boden trocken,
normal oder feucht, werden die Pflanzen
passend ausgewählt.

Um eine gewisse Ordnung zu schaffen
und den Überblick zu behalten, werden
Stauden von Gartengestaltern nach ihrer
Größe, ihrem Wuchs und ihres Erschei-
nungsbildes in Leitstauden, Begleitstauden
und Füllstauden eingeteilt. Hinzu kommen
noch einjährige Sommerblumen und
Zwiebelblumen als Ergänzung. Je mehr
unterschiedliche Arten und Sorten in einem
einzigen Beet vereint werden, umso klein-
teiliger wirkt das Ganze. Um dabei einen
ruhigeren Gesamteindruck zu erzielen,
werden die einzelnen Arten und Sorten wie-
derum in Gruppen zu dritt, fünf oder sieben
zusammengefasst.

Leitstauden sind die Hauptdarsteller im
Beet, der „rote Faden" der Gestaltung, denn
sie geben mit ihrer Blüte und ihrem Wuchs
im Beet den Ton an. Da jede Staudenart zu
einer bestimmten Jahreszeit ihren Wachs-
tums- oder Blütehöhepunkt hat, sollten
immer mehrere Hauptdarsteller in einem
Beet wachsen. Eine schöne Kombination
an Leitstauden sind beispielsweise das im
Frühling blühende Tränende Herz (*Dicentra
spectabilis*), im Frühsommer gefolgt von
Päonien (Pfingstrosen), die im Sommer
von Flammenblumen (*Phlox*) und Schein-
sonnenhut (*Echinacea*) und im Herbst von
Sonnenbraut (*Helenium*) und Gelbem Sonnenhut (*Rudbeckia*) abgelöst werden.

Leitstauden werden je nach Wuchs-
form einzeln oder in kleinen Gruppen im
Beet verteilt. Da sie etwas höher werden,
passen sie in klassischen Rabatten eher
in die Mitte oder in den Hintergrund. Bei
flächigeren Beeten können Sie mit höheren
Stauden oder Gräsern auch am Beetrand
einen besonderen Akzent setzen. Gerade

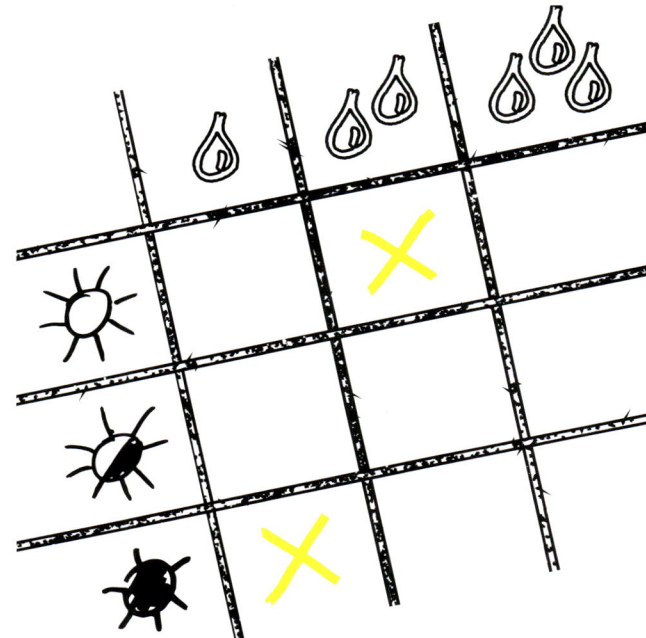

❯❯ Der 3 × 3-Check: Für jeden Standort (sonnig,
halbschattig, schattig) und jeden Boden
(trocken, normal und feucht) gibt es passende
Arten.

hohe Gräser wie Chinaschilf (*Miscanthus*),
Rutenhirse (*Panicum*) oder Reitgras (*Calamagrostis*) können die Rolle von Leitstauden übernehmen. Sie setzen mit den
hohen, schlanken Halmen vertikale Akzente
und können mit den neutraleren grünen
Blattfarben gut zwischen den bunten Blüten vermitteln.

Begleitstauden führen das Pflanz-
thema weiter, das von den Leitstauden vor-
geben worden ist. Ihr Wuchs ist etwas niedriger und sie ergänzen und betonen die Wirkung der dominanteren Leitstauden. Auch
bei den Begleitstauden ist eine gewisse
Vielfalt wichtig, damit das ganze Jahr über
etwas blüht. Pflanzt man nur eine oder eine
Handvoll Arten, dann sieht das Beet zwar
zu ihrer Blütezeit ein paar Wochen im Jahr

fantastisch aus, das war es dann aber auch schon. Schöne Begleitstauden für halbschattige Standorte sind im Frühling weiße Strahlen-Anemonen (*Anemone blanda*). Im Frühsommer folgt der Auftritt der verschiedene Storchschnabel-Arten (*Geranium*), die oft bis in den Herbst blühen. Dazu gesellen sich Nelken (*Dianthus*) und Woll-Ziest (*Stachys byzantina*) auf trockenen Standorten und im Sommer das Mädchenauge (*Coreopsis*). Da der Wuchs von Begleitstauden nicht so kräftig und auffallend ist, pflanzt man sie in kleinen Gruppen oder Tuffs von drei bis zehn Exemplaren um die Leitstauden herum. Das hat zwei Vorteile: Zum einen bedecken sie den Boden schneller und das Unkraut hat keine (oder zumindest weniger) Chancen, wo eine Staude wächst. Zum anderen kann man die Tuffs auch in Linien oder Bändern (Driften) setzen, auf diese

Weise unterschiedliche Arten miteinander verbinden und quasi fließende Übergänge schaffen. Bei größeren Beeten, also ab einer Fläche von etwa 8 bis 10 m², ist es sinnvoll, die ausgesuchten Begleiter an unterschiedlichen Stellen im Beet wiederholt einzusetzen, damit eine ruhige und harmonische Pflanzung entsteht.

Füllstauden dienen – wie der Name sagt – dazu, Lücken zwischen Leit- und Begleitstauden zu füllen. Auch wenn sie auf den ersten Blick nicht so wichtig zu sein scheinen, haben sie im Beet doch viele Aufgaben. Sie lassen durch ihren dichten Wuchs kaum Unkraut durch und kaschieren kahle Stängel im unteren Bereich der höheren Nachbarn. Auch das welke Laub von Frühlingsblühern und Zwiebelblumen, das sonst sichtbar wäre, wird verdeckt, und Lücken von Stauden wie Tränendem Herz oder Orientalischem Mohn (*Papaver orientale*), die das Laub nach der Blüte einziehen, werden geschlossen. Unkomplizierte und pflegeleichte Füllstauden sind niedrige Storchschnabel-Arten und -Sorten (*Geranium*), Frauenmantel (*Alchemilla*), Purpurglöckchen (*Heuchera*) und Elfenblumen (*Epimedium*).

Zwiebelblumen und **Knollenpflanzen** sind im Grunde genommen auch Stauden, denn sie sind dauerhaft und ziehen die Blätter im Winter ein. Sie haben aber einen kürzeren Wachstumsrhythmus und sind nur wenige Wochen attraktiv beziehungsweise sichtbar. Zwiebelblumen sind perfekt, um im Frühjahr, Sommer oder Herbst Farb- und Formakzente zu setzen. Typische Frühlingsblüher sind Krokusse, Schneeglöckchen und Primeln, gefolgt von Tulpen und Narzissen. Im Frühsommer blühen

❯❯ Ein Kleiner Fuchs labt sich am Nektar des Gelben Sonnenhuts (*Rudbeckia*).

❯❯ Die Mischung machts. Auf den ersten Blick ungewohnt, wächst die wärmeliebende hohe Bart-Iris (*Iris-barbata*-Hybride) zusammen mit Farnen, die einen eher feuchten Standort bevorzugen.

Zierlauche (*Allium*), Montbretien und Fackellilien (*Kniphofia*). Den Abschluss bilden Dahlien, die bei uns allerdings im Herbst ausgegraben und frostfrei überwintert werden müssen, da sie nicht frosthart sind.

Sommerblumen sind meist ein- oder zweijährig. Sie sind ideal, um in neu angelegten Beeten Lücken zu füllen, und sorgen für einen prächtigen Blütenflor, bis die Stauden eingewachsen sind. Schön und unkompliziert sind Kalifornischer Goldmohn (*Eschscholzia*) und Marokkanisches Leinkraut (*Linaria maroccana*).

Fertige Staudenmischpflanzungen

Zum Glück gibt es eine ganze Anzahl bewährter und getesteter Mischpflanzungen, mit denen vielgestaltige Staudengemeinschaften angelegt werden können. Die Mischungen bestehen aus für einen bestimmten Standort passenden Arten mit genau festgelegten Stückzahlen pro Quadratmeter. Das macht Planung und Anlage einfach. Die Mischpflanzungen brauchen wenig Pflege und sehen schon im ersten Jahr attraktiv aus, da sie aus schnell und langsam wachsenden Arten bestehen.

Die Stauden und Gräser sind so zusammengestellt, dass sie das ganze Jahr über attraktiv sind und sich in Blütezeitabfolge, Farbkombinationen und Texturen ergänzen. Die Staudenmischungen können in vielen Staudengärtnereien als Komplettpaket für die benötigte Fläche bezogen werden und bestehen meist aus 15–30 Arten: 5–15 % Leitstauden oder Gerüstbildner, 30–40 % Begleitstauden und mindestens 50 % Füllstauden (Bodendecker). Hinzu kommen kurzlebige Arten sowie Blumenzwiebeln und Knollenpflanzen. Infos finden Sie unter www.stauden.de.

Einfach perfekt: sonnige Beete

Die Auswahl an Arten und Sorten für sonnige Standorte ist riesengroß. Da bleiben keine Wünsche offen.

Ob knochentrockener Südhang, sonnenverwöhntes Prachtstaudenbeet oder feuchte Senke – an sonnigen Standorten können Sie aus dem Vollen schöpfen.

Trockene Sonnenstandorte

Angesichts der trocken-heißen Sommer der letzten Jahre könnte man durchaus zur Ansicht kommen, dass es nur noch trockene

Standorte im Garten gibt, und dass sich die Bereiche, die in der prallen Sonne liegen, nur noch als öde, braune Flächen präsentieren. Sonnig-trockene Bereiche sind nach Süden ausgerichtete Flächen, besonders die oberen Bereiche von Hängen, aber auch Zonen vor den Süd- und Westseiten von Gebäuden, die sich tagsüber stark aufheizen. In Kombination mit durchlässigen, sandig-kiesigen Böden, die womöglich noch von Steinen, Geröll oder sogar Schutt durchsetzt sind, herrschen ideale Bedingungen für Kies- und Steppenstauden aller Art. Sie haben sich an solche extremen Standorte angepasst und zeigen glutheißen Temperaturen die kalte Schulter. Die besten Arten und Sorten für das sonnig-heiße perfekte Beet finden Sie ab Seite 54.

Normaler Sonnenstandorte

Üppige Staudenrabatten vor langen Hecken oder entlang von breiten Wegen oder Rasenflächen lassen das Herz der Gärtnerin oder des Gärtners höher schlagen. Auf sandig-lehmigen, leichten Lössböden, die die winterliche Feuchtigkeit lange halten und sich bei jedem Regenschauer oder beim Gießen ergiebig mit dem kühlen

›› Im Kiesgarten finden auch ungewöhnliche Stauden wie die Yuccablättrige Edeldistel (*Eryngium yuccifolium*) ideale Wachstumsbedingungen.

>> Scheinsonnenhüte, Fetthennen und Blaurauten lassen sich von Hitze und Trockenheit nicht beeindrucken.

Nass vollsaugen, gedeihen aber nicht nur klassische Beet- und Prachtstauden. Wer es lieber etwas moderner und naturalistischer mag, wird bei der großen Auswahl an Präriestauden und -gräsern fündig. Eine Übersicht über die robustesten Arten und ihre besten Kombinationen finden Sie ab Seite 62.

Feuchte Sonnenstandorte

Sonnig und doch feucht oder sogar nass muss kein Widerspruch sein. In Senken oder am Fuß von Hängen finden sich Bereiche, die durch das Hangwasser (das ist die Feuchtigkeit, die langsam durch den Boden in tiefere Schichten sickert) eigentlich nie richtig austrocknen. Auch in den feuchten Uferzonen von natürlichen Gewässern fühlen sich viele Sonnenanbeter wohl. Durch die Feuchtigkeit bleibt der Boden kühl, und

es gibt kaum Einschränkungen bei der Wahl der Pflanzen. Das ist der ideale Platz für kräftige, mittelgroße Stauden und Gräser, die durch ihre hohe Wuchskraft kaum Unkraut durchlassen und so überaschend wenig Pflege brauchen. Die besten Kombinationen finden Sie ab Seite 68.

Tipp

Beet- und Edelrosen passen in kleinen Gruppen perfekt zwischen die Stauden. Dank der großen Sortenvielfalt gibt es jede Menge Auswahl in allen Farben und Wuchshöhen. An Rankgerüsten im Beet können auch Kletterrosen (Climber) gezogen werden. Größere Strauchrosen und historische Rosen machen sich im Hintergrund gut, und die modernen, gesunden Sorten mit ungefüllten Blüten gehören zu den absoluten Insektenmagneten im Blumengarten.

Einfach perfekt: halbschattige Beete

Halbschattige und schattige Beete sind alles andere als langweilig, und für jeden Standort gibt es passende Pflanzen.

In jedem Garten gibt es Ecken, die nicht den ganzen Tag über Sonne abbekommen. Die Möglichkeiten zur Bepflanzung sind vielfältig. Schattige und halbschattige Gartenbereiche haben mehr verdient als Efeu, Immergrün und *Cotoneaster*. Das Potenzial der Schattenstauden ist enorm. Da gibt es filigrane Farne, manche sogar immergrün, üppige Blattschmuckstauden mit riesigen Blättern und überraschend viele Blühstauden. Zusätzliche Abwechslung entsteht, wenn unterschiedliche Blatt- und Wuchsformen miteinander kombiniert werden.

Halbschattige Standorte erhalten in der Regel weniger als fünf bis sechs Stunden Sonne am Tag, meist am Vor- oder Nachmittag. Sie können sich unter Sträuchern und kleinen Bäumen, vor höheren Stauden, einem Zaun oder einer Hecke befinden.

Lichter Schatten entsteht, wenn die Sonne durch ein lockeres Blätterdach scheint oder sich der Lichteinfall auf dem Boden durch die Bewegung der darüber wachsenden Zweige und Äste laufend ändert. Diese Standorte sind das Reich der vielen Halbschattenblüher, etwa Astilben, Eisenhüte, Anemonen und Akeleien. Aber auch Funkien und viele Farne fühlen sich hier wohl, solange es feucht genug ist.

Unter Laubbäumen und -sträuchern ist der Boden im Herbst, Winter und Frühjahr feuchter, da durch die kahlen Kronen mehr Licht auf die Erd- beziehungsweise Beetoberfläche gelangt. Für solche Stellen im Garten bieten sich frühlingsblühende Zwiebel- und Knollenpflanzen wie Schneeglöckchen (*Galanthus*), Winterlinge (*Eranthis*) und Krokusse (*Crocus*) an.

>> Taglilien (*Hemerocallis*) sind echte Allroundtalente. Sie wachsen in der Sonne genauso gut wie im Halbschatten unter Bäumen.

» Es müssen nicht immer Blüten sein. Dieses Beet mit seinen gelblaubigen Funkien und Gräsern zeigt, dass auch Blattschmuckstauden Farbe in den Garten bringen.

Trockener Halbschatten

Trockene, halbschattige Standorte findet man meist unter großen Laubbäumen und Sträuchern, deren Blätter im Sommer verhindern, dass ein Großteil des Regenwassers bis zum Boden gelangt. Auch im Regenschatten der Ostseiten von Mauern oder unter dem Dachtrauf auf der Ost- und Nordseite des Hauses ist es trockener – perfekt für viele Zwiebelblumen, die nach der Blüte ihre Blätter einziehen und den Sommer ruhend im Boden überdauern. Schöne Kombinationen und passende Begleiter werden ab Seite 78 beschrieben.

Normaler Halbschatten

Nicht zu trocken, nicht zu nass – solche Standorte gibt es unter lichten Bäumen und bei sandig-lehmigem Boden im Garten. Diese Stellen sind das Reich von vielen blühenden Halbschattenstauden wie Astilben (*Astilbe*), Eisenhüten (*Aconitum*), Anemonen (*Anemone*) und Akeleien (*Aquilegia*), Passt dieser Standort zu ihrem Garten? Das Rezept zum perfekten Halbschattenbeet gibt es ab Seite 84.

Feuchter Halbschatten

Gedämpftes Licht, feuchter Boden – das sind perfekte Standortbedingungen für üppige Blattschmuckstauden wie die verschiedenen Vertreter der Schaublätter (*Rodgersia*) und Funkien (*Hosta*) sowie viele Farne. Eine Auswahl und Tipps, wie man sie zu pflegeleichten Pflanzkombinationen zusammenstellt, finden Sie ab Seite 90.

Einfach perfekt: schattige Beete

Auch in dunklen Schluchten oder unter dichten Nadelgehölzen können Sie mit den richtigen Pflanzen blühende Beete anlegen.

Die Pflanzen, die im Schatten wachsen können, kommen ursprünglich aus dunklen Wäldern oder gedeihen in engen, tiefen Schluchten, in die kaum direktes Sonnenlicht fällt. Auch wenn solche Plätze auf den ersten Blick wenig attraktiv für Pflanzen erscheinen, gibt es doch etliche Gewächse, die sich hier wohlfühlen.

Trockener Schatten

Unter immergrünen Laubgehölzen wie Lorbeerkirschen (*Prunus laurocerasus*) oder Koniferen (Nadelgehölzen), aber auch im Regenschatten auf der Nordseite von Häusern ist es nicht nur dunkel, sondern auch trocken. Von allen Standorten ist der dunkle, trockene Schatten die einzige wirkliche Problemzone im Garten. Aber auch hier gibt es attraktive Stauden, die mit solchen Bereichen zurechtkommen. Diese lichtscheuen Trockenkünstler werden ab Seite 100 vorgestellt.

Normaler Schatten

An Stellen, wo der Boden etwas feuchter ist, aber im Sommer doch auch mal trocken werden kann, wachsen immer noch eine Menge Farne und Blattschmuckstauden.

» Im dunklen Schatten unter Bäumen wachsen nicht nur verschiedene Farne, auch Storchschnäbel (*Geranium*) fühlen sich hier wohl.

Auch viele Zwiebelblumen, Frühlings-
blüher und Gräser gedeihen im Schatten
gut. Schöne Kombinationen finden Sie ab
Seite 106.

Feuchter Schatten

Je feuchter der Boden, desto mehr zarte
Schattengeschöpfe wie filigrane Farne und
auch etliche Blütenstauden stehen zur
Auswahl. Feuchtkühle, schattige Ecken
findet man im Garten oft an den unteren
Bereichen von nach Norden ausgerichteten
Hängen oder in Senken, die von Bäumen
oder Gebäuden beschattet werden. Welche Stauden, Gräser und Gehölze sich an

solchen Standorten wohlfühlen, wird ab
Seite 112 beschrieben.

Tipp

Wo gar nichts zu wachsen vermag, ist Efeu
(*Hedera helix*) immer noch die beste Wahl,
um dunkle Gartenecken zu begrünen.
Efeu verträgt trockenen Schatten so gut
wie kaum eine andere Gartenpflanze und
bedeckt mit seinen langen Trieben auch
Bereiche, an denen nichts anderes wachsen
kann. Für ein paar Farbtupfer im dunklen
Grün der Efeublätter sorgt das Ruprechts-
kraut (*Geranium robertianum*), das ebenso
anspruchslos ist.

» Frauenmantel (*Alchemilla*) ist unverwüstlich und bringt mit den zarten, gelbgrünen Blüten Licht
und Farbe in dunklere Gartenecken.

VOM PFLANZEN & PFLEGEN:

DIE PRAXIS

Der Plan steht, und Sie wissen, welche Pflanzen in Ihren Garten einziehen sollen? Dann kann es losgehen mit der Vorbereitung der Beete, dem Einkauf und dem Einpflanzen.

Beetvorbereitung

Bevor die Pflanzen in die Erde kommen, heißt es Beete vorzubereiten. So haben Stauden & Co. beste Startbedingungen.

Der Schlüssel für eine dauerhafte, gesunde und pflegeleichte Staudenpflanzung ist die standortgerechte Auswahl. Aber die beste Auswahl an Arten und Sorten und noch so gute Einkaufsquellen nützen nichts, wenn der Boden, in dem die Pflanzen wachsen sollen, nicht ein bisschen vorbereitet worden ist. Die Bodenart können Sie einfach bestimmen (Seite 20) und an Zeigerpflanzen (Seite 21) erkennen. So können Sie die optimale Wachstumsgrundlage für die zukünftigen Garten- und Beetbewohner schaffen.

Eine gute Vorbereitung erspart lästige Pflege

Je sorgfältiger der Boden und das Beet vorbereitet werden, desto besser können sich die Pflanzen entwickeln und umso weniger Pflege brauchen sie später. Es lohnt sich also, in die Vorbereitung etwas mehr Zeit und Mühe zu investieren.

Beim **Umgraben** scheiden sich die Geister. Früher war es im Gemüsegarten üblich, die Beete jeden Herbst umzustechen, um eine sogenannte Frostgare zu bekommen. Das bedeutet, dass die Erde lockerer wird, wenn die Schollen durchfrieren. Bei einem schweren Lehm- oder Tonboden ist es auf jeden Fall sinnvoll, die Erde einmal umzugraben, nachdem die ursprüngliche Grasnarbe beziehungsweise der Bewuchs entfernt worden sind. Bei der Gelegenheit können auch Sand, Lavagrus oder Kompost zur Bodenverbesserung eingearbeitet werden. Bei leichten Sandböden reicht es meist aus, ihre Oberfläche von Pflanzen zu säubern und mit einem Rechen oder einer Harke glatt zu ziehen.

❯❯ Eine Sisyphus-Arbeit, die sich lohnt. Vor dem Pflanzen müssen Wurzelunkräuter wie diese Quecken gejätet werden.

» Glatt und sauber soll die Erde sein, bevor Sie das Beet bepflanzen oder Samen aussäen.

Wurzelunkräuter wie Quecke, Zaunwinde und Giersch sollten Sie so akribisch wie möglich entfernen, da selbst kleine Stücke wieder austreiben und sich im Beet breitmachen können.

Auch Steine, größere Wurzeln und Folienreste, Müll, Bauschutt und ähnliche Dinge, die heute leider fast überall zu finden sind, entfernen Sie dabei.

Boden verbessern

Lehm- und Tonböden können Sie mit Sand und Kies auflockern. Auch Lavagrus ist dazu geeignet. Den Humusgehalt können Sie mit einer großzügigen Kompostgabe erhöhen. Pro Quadratmeter benötigen Sie etwa 50–70 l.

Sandböden können mehr Wasser speichern, wenn Gesteinsmehl eingearbeitet worden ist. Es verkittet die einzelnen Sandkörner und hält mehr Wasser. Auch eine Kompostgabe ist sinnvoll.

Als **Bodenaktivator** bezeichnet man eine im Handel erhältliche Mischung aus organischen Düngern und Mikroorganismen, die vor der Pflanzung ausgebracht wird. Durch diese Maßnahme wird das Bodenleben verbessert und die Pflanzen wachsen besser und üppiger.

Tipp

Kompost und Humus sind zur Bodenvorbereitung nicht für jedes Beet ideal. Wenn Sie ein trockenes Kies- oder Steppenbeet anlegen möchten, ist es besser, den Boden mit Sand, Kies und Schotter abzumagern, wenn er nicht ohnehin schon trocken und sandig genug ist. Nährstoffreicher Kompost würde hier die Pflanzen nur verweichlichen. Die an diesen Lebensraum angepassten Überlebenskünstler gedeihen am besten auf kargen und trockenen Böden. Eine Düngung fördert da nur Unkraut.

Einkauf & Beschaffung

Pflanzen, Samen und Blumenzwiebeln gibt es fast überall zu kaufen. Doch wo finden Sie die beste Qualität für Ihren Garten?

Das Beet ist vorbereitet, der Standort passt, und nun können Sie die Pflanzen kaufen. Wer jedoch im Gartencenter oder beim Gärtner wahllos das einpackt, was gerade blüht und gefällt, wird im Garten später oft enttäuscht. Da bilden die zusammengewürfelten Pflanzen optisch grenzwertige Farb- und Formkombinationen, entpuppen sich vielleicht als doch nicht ganz so passend für den Standort und benötigen entsprechend viel Pflege. Es muss also eine Einkaufsstrategie her. Aus der Größe des zu bepflanzenden Beets ergibt sich die benötigte Pflanzenanzahl. Hier dürfen Sie nicht knausern. Es ist besser, am Anfang etwas zu viel einzukaufen und später aus-

» Spezialisierte Staudengärtnereien bieten die beste Auswahl und optimale Qualität.

zudünnen oder überzählige Exemplare zu verschenken, als nach dem Pflanzen Lücken im Beet zu haben.

Auswahl & Einkauf

Die meisten Staudengärtnereien und gute Gartencenter präsentieren die Pflanzen nach ihren Lebensbereichen und empfehlen manchmal sogar die passenden Begleit- und Füllpartner. Als erstes kommen die Leitstauden in den Einkaufswagen, denn sie sind die Hauptdarsteller im Beet. Außerdem bestimmen sie, welche Arten und Sorten noch hinzugefügt werden.

Es gibt zahlreiche Möglichkeiten, Stauden und andere Gartenpflanzen zu kaufen. Sogar im Supermarkt oder Discounter werden sie immer wieder angeboten.

Staudengärtnereien sind die sicherste Quelle für qualitativ hochwertige, gesunde Pflanzen, die sicher anwachsen und keine Krankheiten haben. Fast alle haben heute auch einen Online-Shop und verschicken die Pflanzen, sodass man sich allzu lange Anfahrtswege sparen kann (Adressen siehe Seite 122).

Gartenmärkte bieten ebenfalls gute Einkaufsmöglichkeiten, da sie im Frühjahr und Herbst stattfinden, also zu den besten Pflanzzeiten.

Darauf kommt es an

Die Monate März/April und September/Oktober sind der beste Zeitpunkt zur Pflanzung. Im Frühjahr haben viele Stauden noch keine Blätter, aber in den Töpfen schlummern Wurzeln und Rhizome, die nur darauf warten, im neuen Beet weiterzuwachsen. Problematisch sind verlockende Großstauden in voller Blüte. Sie wachsen oft schlecht an oder gehen im Winter ein, denn sie werden zu einem Zeitpunkt ge-

» Viele Gärtnereien haben einen Online-Shop, über den die gewünschten Pflanzen bequem und sicher gekauft werden können.

pflanzt, an dem die Pflanze innerlich auf „Blühen" und nicht auf „Wurzelwachstum" programmiert ist. Apropos Wurzeln: Der Topf sollte gut durchwurzelt sein, ohne dass allzu viele Wurzeln aus den Abzugslöchern herauswachsen.

Tipp

Zum Saisonende werden im Gartencenter die Preise von Gartenmöbeln reduziert, da Platz für neue Ware benötigt wird. Aber auch viele Pflanzen landen auf dem Grabbeltisch. Bei reduzierten Stauden heißt es, genauer hinzusehen. Frisch abgeblühte kann man bedenkenlos als Schnäppchen mitnehmen. Die Stauden, die schon die ganze Saison im Topf gestanden und einen dichten Wurzelballen gebildet haben, wachsen im Beet jedoch schlecht oder gar nicht mehr an.

Auslegen & Einpflanzen

Die Pflanzen sind da, das Beet ist vorbereitet – nun kann es mit dem Verteilen und Einpflanzen losgehen.

Beim Auslegen beziehungsweise beim Verteilen der Pflanzen im Beet gibt es zwei unterschiedliche Methoden. Die erste kommt zum Einsatz, wenn ein exakter Pflanzplan gemacht wurde. Die andere ist eher was für kreativere Gärtnerinnen und Gärtner, die die Pflanzen und die von ihnen eingekauften Stückzahlen spontan auf dem Beet verteilen. Besonders für naturnahe, naturalistische Pflanzungen ist die letzte Methode die Erfolg versprechendere. Bei beiden werden die Pflanzen erst in den Töpfen auf dem Beet verteilt, bis die gewünschte Anordnung passt.

Um die späteren Wuchshöhen besser im Blick zu haben, können Sie auch dünne Stäbe mit der passenden Höhe neben die Töpfe stecken, um ein Gefühl für die spätere Wirkung zu bekommen. Das verlangt zwar einige Vorstellungskraft, aber so können Sie immerhin vermeiden, hoch wachsende Pflanzenarten in zu großer Anzahl im Beetvordergrund zu platzieren, die später den Blick auf die niedrigeren dahinter verdecken werden.

MATERIAL

- Rechen oder Harke
- Pflanzschaufel oder Pflanzspaten
- Gießkanne oder Schlauch

Bei Bedarf:
- Schnüre, Pflöcke oder dünne Bambusstäbe
- Meterstab oder Bandmaß

Auslegen nach Plan

Nachdem das Beet vorbereitet worden ist (siehe Seite 34 f.), wird es mit Pflöcken und Schnüren, dünnen Bambusstäben oder Holzlatten in gleichmäßige Quadrate mit einer Kantenlänge von einem Meter eingeteilt. In diesen Quadraten können dann die Pflanzen in der jeweiligen Stückzahl und entsprechend dem Pflanzplan verteilt werden. Anstelle von Schnüren können Sie auch Sand oder Sägespäne verwenden, um das Beet in ein Raster oder Pflanzbereiche einzuteilen. Eine Markierung mit Schnüren oder Stäben ist besonders dann sinnvoll, wenn bestimmte Pflanzen im Beet in exakten Linien oder Reihen gesetzt oder Akzentpflanzen immer im gleichen Abstand im Beet platziert werden sollen.

Freihändiges Auslegen

Bei Mischpflanzungen und Pflanzenpaketen sind die einzelnen Arten in ihrer Zusammenstellung und Anzahl optimal aufeinander abgestimmt worden. Das einzige, was Sie bei der Bestellung oder Pflanzenzusammenstellung wissen müssen, ist die Größe Ihrer Beetfläche. Die Pflanzen werden dann einfach zufällig verteilt und in einem oder mehreren Korrekturgängen solange umgesetzt, bis die Anordnung passt. Am besten treten Sie immer wieder zurück und betrachten das Beet aus einiger

Entfernung. So können Sie besser erkennen, wie der der spätere Gesamteindruck werden wird.

Hauptdarsteller zuerst

Ganz gleich, ob Sie die Pflanzen nach einem Plan verteilen oder frei auslegen – die Solitäre oder Akzentpflanzen, die als Leitstauden (Seite 23 ff.) den Ton im Beet angeben, werden zuerst gesetzt.

Begleit- & Füllstauden

Wenn die Leitstauden positioniert sind, kommen die Begleitstauden und dann die Füllstauden an die Reihe. Sie werden solange hin- und hergeschoben, bis alles passt. Achten Sie darauf, die jeweiligen Pflanzabstände einzuhalten, damit die Stauden später nicht zu dicht stehen und sich gegenseitig im Wachstum behindern.

Einjährige als Lückenfüller

Die meisten Stauden und Gräser brauchen ein bis zwei Jahre, bis sie richtig etabliert sind und ihr volles Potenzial erreicht haben. Damit das Beet schon im ersten Jahr nach der Anlage etwas hermacht, können Sie in die Lücken zwischen die Stauden schnell-wüchsige Einjährige wie Kalifornischen Goldmohn (*Eschscholzia californica*), Patagonisches Eisenkraut (*Verbena bonariensis*) oder Kosmeen (*Cosmos bipinnatus*) einsäen, die im ersten Jahr prächtig blühen.

Mulchen

Damit Unkrautsamen, die in der Erde schlummern, nicht keimen und die Pflanzen überwuchern, verteilen Sie eine Mulchschicht (siehe Seite 47) zwischen den Pflanzen auf der offenen Erde.

» Vor dem richtigen Einpflanzen werden die Stauden auf dem Beet verteilt. Wenn Mischung und Anordnung passen, kommen sie in die Erde.

Angießen

Nach dem Einsetzen müssen die frisch gesetzten Pflanzen ordentlich angegossen werden. In den Wochen und Monaten danach dürfen sie nicht austrocknen.

Tipp

Torf ist als Material zur Bodenverbesserung tabu. Er verrottet schnell, die gewünschte Humusanreicherung verpufft quasi und ist nicht von Dauer. Außerdem werden durch den Abbau von Torf Moore zerstört und große Mengen an CO_2 freigesetzt. Besser geeignet sind torffreie Pflanzerden aus nachwachsenden Rohstoffen wie Holzfasern, Grüngutkompost und Rindenhumus. Sie werden langsam zu Humus zersetzt und verbessern den Boden nachhaltig und lange.

Pflanzen: Topf- & Containerpflanzen

Die Standardangebotsform für Stauden und kleinere Gehölze sind Plastiktöpfe oder Container. Die Pflanzen können fast das ganze Jahr über gesetzt werden.

Container- oder Topfstauden sind die häufigste und normale Angebotsform. Getopfte Stauden haben viele Vorteile. Sie können fast das ganze Jahr über gepflanzt werden und halten auch noch ein paar Tage nach dem Einkaufen im Garten aus, wenn sie nicht sofort eingesetzt werden.

Containerstauden werden in vielen Größen angeboten. Ideal sind kleine Pflanzen in den typischen 9 × 9 cm großen Töpfen, da sie am besten anwachsen. Je größer die Töpfe sind, desto mehr Pflanzsubstrat enthalten sie, das das Anwachsen erschwert. Vor allem bei lehmigen, schweren Böden ist es besser, soviel wie möglich vom alten Topfsubstrat vor dem Pflanzen zu entfernen. Die besten Zeitpunkte zum Pflanzen sind das Frühjahr, etwa im März/April, oder der Herbst im September/Oktober. In den Sommermonaten wachsen die Pflanzen nicht so gut an. Sommer- und Herbstblüher sowie Gräser kommen am besten im Frühjahr in die Erde, Blattschmuckstauden und

MATERIAL

- Spaten oder Handschaufel
- Handschuhe (bei Bedarf)
- Gartenkralle oder Messer
- Bodenaktivator (bei Bedarf)
- Gießkanne oder Gartenschlauch
- Mulch (bei Bedarf)

Frühjahrsblüher können auch im Herbst gepflanzt werden.

1 | Das Pflanzloch soll nicht größer und vor allem nicht tiefer als der Topfballen sein. Geben Sie keine zusätzliche Pflanzerde in das Loch, höchstens etwas Bodenaktivator.

2 | Durch seitliches Drücken lösen Sie die Pflanze aus dem Topf. Noch einfacher geht das, wenn Sie sie vorher noch einmal ordentlich gießen.

3 | Wurzeln, die an der Topfwand in Kringeln entlanggewachsen sind, reißen Sie vorsichtig mit einer Gartenkralle auf oder schneiden sie mit einem Messer ein. Lässt man sie rund wachsen, wurzelt die Pflanze nie richtig in den Boden ein.

4 | Nach dem Einsetzen bringen Sie die Pflanze durch Drehen in Position.

5 | Anschließend füllen Sie Erde in die Lücke zwischen Ballen und Pflanzloch, drücken sie leicht an und gießen dann kräftig. So wird die Erde direkt an die Wurzeln gespült und der sogenannte Erde-Wurzel-Schluss entsteht.

❯❯ Vorsichtig ziehen Sie die Pflanze aus dem Topf.

❯❯ Mit einer Handschaufel oder einem Pflanzspaten graben Sie das Loch.

❯❯ Die Pflanze kann beim Einsetzen noch hin- und herpositioniert werden, bis sie perfekt ins Beet passt.

❯❯ Mit den Händen oder der Handschaufel drücken Sie die Erde vorsichtig um den Ballen herum an. Vergessen Sie zum Schluss das Angießen nicht!

❯❯ Eine Mulchschicht um die Pflanze herum bedeckt den offenen Boden und verhindert, dass Samenunkräuter keimen können.

Pflanzen: Wurzelnackte Stauden & Sträucher

Pfingstrosen, Bart-Iris, Steppenkerzen und etliche andere Stauden werden im Herbst und Frühjahr wurzelnackt zum Pflanzen angeboten.

Früher war es durchaus üblich, Stauden, Rosen und Gehölze wurzelnackt in den Garten zu setzen. Die Pflanzen werden in der Gärtnerei oder in der Baumschule in normalem Boden angezogen und im Frühjahr oder Herbst gerodet. Sie können dann sofort wieder an ihrem neuen Platz eingesetzt werden. Der Vorteil bei wurzelnackten Pflanzen besteht darin, dass sie direkt in den Boden einwachsen können und ihre Wurzeln nicht erst durch den weichen, humusreichen Topfballen treiben müssen. Sie wachsen daher in der Regel besser an. Allerdings können wurzelnackte Stauden nur während der Ruhephase der Pflanze, also im Herbst, gerodet werden, und müssen dann im September/Oktober oder im Frühjahr bis Ende März oder Anfang April gepflanzt werden. Für Pfingstrosen, Schwertlilien und viele andere Stauden mit dicken Wurzelstücken oder Rhizomen ist diese Methode mit Abstand die beste Art und Weise, sie im Garten zu etablieren. Außerdem sind die Pflanzen um einiges günstiger als Topfstauden, was sich bei größeren Flächen bemerkbar macht. Wurzelnackte Stauden sollten sofort nach der Ankunft im Garten gepflanzt werden und können nur für kurze Zeit in Sand oder Humus eingeschlagen und feucht und kühl gelagert werden.

1 | Heben Sie das Pflanzloch großzügig aus und lockern Sie den Boden. So können die neuen Wurzeln viel einfacher einwachsen und müssen sich nicht durch harte, verdichtete Bodenschichten arbeiten.

2 | Setzen Sie die Stauden so ein, dass die Vegetationsknospe knapp unter oder an der Erdoberfläche liegt.

3 | Füllen Sie Gartenerde an. Damit sie zwischen die Wurzeln fällt, kann die Pflanze vorsichtig hin und her geruckelt werden. Verwenden Sie keine Pflanzerde, da die Wurzeln sonst nicht gut anwachsen.

4 | Achten sie auf die richtige Pflanztiefe. Sie steht auf dem Etikett oder im Staudenkatalog.

5 | Durchdringendes Angießen sorgt für einen guten Wurzelschluss.

MATERIAL

- Spaten oder Handschaufel
- Handschuhe (bei Bedarf)
- Bodenaktivator (bei Bedarf)
- Gießkanne oder Gartenschlauch
- Mulch (bei Bedarf)

>> Die Wurzeln dürfen nicht abknicken.

>> Nach dem Ausheben des Pflanzlochs lockern Sie den Boden noch mit einer Grabegabel auf.

>> Verteilen Sie die Erde vorsichtig zwischen den Wurzeln.

>> Die Triebknospen ragen bei Pfingstrosen knapp über die Erde hinaus.

>> Gießen Sie gut an, damit die Erde überall dicht an die Wurzeln gespült wird.

Pflanzen: Knollenpflanzen & Zwiebelblumen

Zwiebelblumen und Knollen sind im Prinzip nichts anderes als wurzelnackte Stauden, können aber einfacher und länger außerhalb der Erde gelagert werden.

Frühjahrsblühende Zwiebel- und Knollenpflanzen werden ab September/Oktober gepflanzt und kommen dann im folgenden Jahr zur Blüte. Nach der Pflanzung bildet die Blumenzwiebel viele Wurzeln, die dann im Frühling die Blüte und die Triebe mit Wasser und Nährstoffen versorgen. Nach der Blüte lagert die Pflanze die Reservestoffe aus den Blättern wieder in die Zwiebel ein und beginnt eine Ruhephase. Daher darf das Laub nach der Blüte nicht abgeschnitten werden. Es ist übrigens nicht nötig, die Samenkapseln zu entfernen. Im Gegenteil – viele Zwiebel- und Knollenpflanzer wie Krokusse, Alpenveilchen und Schneeglöckchen breiten sich durch Selbstversamung aus.

Die Knollen von Winterlingen (*Eranthis*) und Strahlen-Anemonen (*Anemone blanda*) sind durch das Einlagern oft ganz trocken und verschrumpelt. Sie wachsen viel besser und schneller an, wenn man sie vor dem Pflanzen über Nacht in kaltem Wasser einweicht. Dann nehmen sie eine enorme Menge Feuchtigkeit auf und können, einmal in der Erde, gleich loslegen. Normale Zwiebeln werden trocken gepflanzt.

1 | Um einen natürlichen Eindruck zu bekommen, werden die Zwiebeln oder Knollen nicht in Reih und Glied auf dem Beet ausgelegt, sondern locker aus dem Handgelenk auf die Beete geworfen. Da, wo sie hinfallen, werden sie anschließend eingepflanzt. Diese Methode eignet sich besonders gut für Krokusse, Wildtulpen und Narzissen in Rasen- oder Wiesenflächen.

2 | Mit einem Zwiebelpflanzer oder Pflanzstab stechen Sie ein Loch in die Erde und setzen die Zwiebeln ein. Meist kann man an den Knollen gut erkennen, wo oben und wo unten ist. Da Krokuszwiebeln gern von Mäusen gefressen werden, kann man sie vor dem Pflanzen mit Chilipulver bestäuben. Das hält die unerwünschten Nager zumindest nach der Pflanzung fern.

3 | Alternativ heben Sie mit dem Spaten oder einer Schaufel ein Stück Rasensode ab und legen die Knollen darunter. Nun müssen Sie die Sode nur noch zuklappen. Fertig!

MATERIAL

- Pflanzstab, Pflanzschaufel oder Zwiebelblumenpflanzer
- Handschuhe (bei Bedarf)
- Sand oder Kies (bei Bedarf)
- Chilipulver (bei Bedarf)

❯❯ Kleine Knollen setzen Sie mit dem Pflanzholz.

❯❯ Im Rasen können die Zwiebeln einfach aus dem Handgelenk geworfen und verteilt werden.

❯❯ Mehrere Zwiebeln oder Knollen können Sie in Gruppen unter ausgestochene Rasensoden legen.

❯❯ So vielfältig wie die Blüten sind auch die Knollen, Zwiebeln und Rhizome: 1 Winterling; 2 Zierlauch; 3 Krokus; 4 Anemone; 5 Zwerg-Iris; 6 Tulpe; 7 Lilie

Optimale Pflanztiefe für verschiedene Zwiebelblumen (Abstand Zwiebelspitze zur Erdoberfläche)

Art	Pflanztiefe
Blaustern (*Scilla*)	6–8 cm
Herbst-Zeitlose (*Colchicum*)	10 cm
Hyazinthe (*Hyacinthus*)	10–12 cm
Kaiserkrone (*Frittilaria*)	15 cm
Krokus (*Crocus*)	6–10 cm
Lauch (*Allium*)	10–20 cm
Narzisse (*Narcissus*)	10–20 cm
Schneeglöckchen (*Galanthus*)	5–8 cm
Traubenhyazinthe (*Muscari*)	6–10 cm
Tulpe (*Tulipa*)	10–15 cm
Winterling (*Eranthis*)	5–8 cm

Ganz ohne Pflege geht es nicht

Richtig gepflanzt und mit den passenden Beetnachbarn versehen, stärken und stützen sich Stauden schnell von allein.

Je natürlicher und standortgerechter ein Staudenbeet angelegt wird, umso weniger Pflege benötigen die Pflanzen. Eine prächtige Staudenrabatte im englischen Stil braucht im Sommer regelmäßig Wasser, die Blütenstiele müssen gestützt und Welkes muss ausgeputzt werden. Da gerade viele typische Prachtstauden wie Rittersporn, Schwertlilien und Margeriten alle paar Jahre geteilt und an einen neuen Platz verpflanzt

werden müssen, damit sie wüchsig und blühfreudig bleiben und nicht vergreisen, ist der Pflegeaufwand für solche traditionellen Gartenbeete größer, und Sie müssen schon ein paar Stunden pro Woche in die Gartenarbeit investieren.

Ganz anders sieht es bei extensiven Kies-, Steppen- oder Präriestaudenbeeten aus. Nach der Anlage und dem Anwachsen brauchen sie kaum noch Pflege: Im Frühjahr werden die Pflanzenreste vom Vorjahr mit der Heckenschere, einem Freischneider oder sogar einem starken Rasenmäher heruntergeschnitten.

Bis auf gelegentliches Unkrautzupfen, das vor allem in den ersten Wochen und Monaten nach dem Pflanzen wichtig ist, beschränkt sich das Gärtnern im perfekten Beet also auf das Gießen bei extremer Trockenheit und den Staudenrückschnitt im Spätwinter oder zeitigen Frühjahr. Eine Düngung ist normalerweise nicht oder nur in sehr geringem Umfang nötig, denn in Staudenbeeten werden dem Boden ja nicht wie im Gemüsegarten Nährstoffe in Form von Erntegut entnommen. Alles, was an Pflanzenteilen im Spätwinter zurückgeschnitten wird, kommt gehäckselt als Mulch wieder zurück ins Beet. Bei Kiesgärten ist es sinnvoller, die Pflanzenreste zu entfernen, damit sich keine Humusschicht

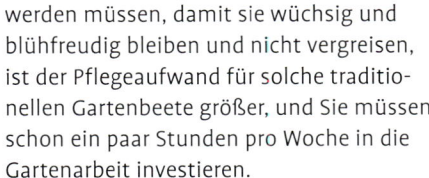

》 Eine Mulchschicht hält die Feuchtigkeit länger im Boden und spart Bewässerung.

über dem Kies und dem Sand bildet. Die in den folgenden Kapiteln beschriebenen Stauden müssen nicht alle paar Jahre geteilt werden, damit sie wüchsig bleiben.

Gärtnern mit der Natur

Bevor Sie zu Schere, Hacke oder Gießkanne greifen, ist es wichtig, die Arten kennenzulernen. Man merkt schnell, ob wirklich gegossen werden muss oder die Pflanzen einfach nur einen „Hänger" in der Mittagshitze haben. Je nach Standort entwickeln viele Stauden eine gewisse Eigendynamik und breiten sich durch Ausläufer oder Samen aus. Hier ist dann die ordnende Hand der Gärterin oder des Gärtners gefragt, um die Grundstruktur des Beets zu erhalten.

Nach dem Pflanzen. Am meisten Aufmerksamkeit verlangt das Staudenbeet unmittelbar nach der Pflanzung, der Zeit, in der alle Jungpflanzen anwachsen und sich etablieren. Die Stauden benötigen meist ein oder zwei Jahre, bis sich eine geschlossene Pflanzendecke gebildet hat, in der störende Unkräuter unterdrückt werden und keine Chance haben. Da in den ersten Jahren die Wurzeln noch nicht so tief in den Boden reichen, sind die Stauden im Sommer bei Trockenheit für eine zusätzliche Bewässerung dankbar.

Mulchen. Eine dünne, maximal 2–5 cm dicke Mulchschicht aus Kompost oder gehäckselten Pflanzenteilen, die beim Rückschnitt nach dem Winter angefallen sind, fördert das Bodenleben und die Humusbildung. Außerdem verhindert die Mulchschicht, dass der darunter liegende Boden austrocknet und im Boden liegende Unkrautsamen keimen können. In Kies- und Schotterbeeten ist eine Mulchschicht aus grobem Sand, Lavagrus oder Kies sinnvoller, damit keine zusätzlichen Nähr-

» Lücken zwischen den gepflanzten Stauden und ein Boden ohne Mulch – ein Paradies für Unkraut aller Art.

stoffe ins Beet eingetragen werden. Die Mulchschicht verhindert auch, dass unerwünschte Samen, die vom Wind angeweht worden sind, im Boden keimen können.
Gießen. Eine zusätzliche Bewässerung ist normalerweise nur in den ersten beiden

Tipp

In der Natur wird offener, freier Boden mehr oder weniger schnell von Pflanzen besiedelt. Daher ist es auch in einem Blumenbeet wichtig, möglichst schnell den Boden zu bedecken – sei es mit Pflanzen oder einer Schicht aus organischem (Kompost, Laubhumus) oder mineralischem (Kies, Lavagrus) Mulch. Mulchen spart also viel Zeit beim Unkrauthacken. Wenn mit Sand gemulcht wird, können keimende Sämlinge auch viel einfacher ausgezupft werden.

» Abgestorbene Stängel können im Spätwinter oder Frühjahr zurückgeschnitten werden.

des Tages verdunsten, und auch die Bodenoberfläche kann abtrocknen. Wenn Sie die Pflanzung dagegen erst am Abend wässern, haben Schnecken ein leichtes Spiel, und Pilzkrankheiten wie Mehltau breiten sich schneller aus.

Zu häufiges, oberflächliches Gießen macht die Pflanzen anfällig gegen Trockenheit. Es regt sie zur Bildung vieler Feinwurzeln in der oberen Bodenschicht an, weshalb sie dann viel schneller vertrocknen, wenn der Regen oder die Bewässerung einmal ausbleiben. Der Boden sollte beim Wässern mindestens bis in eine Tiefe von 20–30 cm durchfeuchtet werden. Das regt die Pflanzen an, tief reichende Wurzeln zu bilden, die auch bei Trockenheit noch feuchte Bodenschichten erschließen können.

Jahren nach der Beetanlage nötig. Im Hochsommer bei länger anhaltenden Hitze- und Trockenperioden ist natürlich eine zusätzliche Bewässerung sinnvoll. Der beste Zeitpunkt zum Gießen ist morgens oder am frühen Vormittag. Dann kann das Wasser auf Blättern und Blüten im Lauf

Düngen. Stauden brauchen gar nicht so viele Nährstoffe, wie oft empfohlen wird. Zu viel Dünger, und hier vor allem zu viel Stickstoff, führt zu einem starken

Hagelschaden

➡ Durch den Klimawandel kommt es immer häufiger zu Wetterkapriolen mit Gewittern, Starkregen und Hagel.

➡ Besonders Blattschmuckstauden wie Funkien (*Hosta*) sind anfällig für Hagelschäden. Schneiden Sie beschädigte Blätter komplett weg und düngen sie die Pflanzen mit einem organischen Dünger. Sie regenerieren sich schnell und sehen in kurzer Zeit wieder gut aus.

> Pampasgras ist nässeempfindlich und wird im Winter zusammengebunden.

("mastigen") Triebwachstum und macht die Pflanzen anfällig für Schädlinge wie Blattläuse und Krankheiten wie Mehltau. Nur die Stauden, die nach der ersten Blüte im Frühsommer in der zweiten Jahreshälfte noch einmal blühen, etwa Rittersporn, Zier-Salbei und Phlox, erhalten im Juni/Juli noch eine Gabe reifen Kompost.

Stützen. In einem naturnahen Stauden-beet stützen sich die Pflanzen gegenseitig und benötigen keinen zusätzlichen Halt. Wenn Stauden doch einmal umkippen, liegt das oft an einem zu großzügigen Nährstoffangebot. Als Alternative zu künst-lichen Staudenstützen und -ringen können auch trockene Haselnuss-, Weiden- oder Hartriegelruten zwischen die Pflanzen ge-steckt werden. Sie können beim Abräumen des Beets im Frühjahr mit gehäckselt und kompostiert werden. Achten Sie darauf, dass die Stützstäbe vollständig ausgetrock-net und tot sind. Frische Ruten von Hartrie-gel und Co. bilden schnell eigene Wurzeln. Ein undurchdringliches Strauchdickicht ist dann die Folge.

Ausputzen und Staudenschnitt. Viele Stauden wie Hoher Phlox, Zier-Salbei und Rittersporn blühen länger oder ein zweites Mal, wenn im Frühjahr die welken Blüten-stände zurückgeschnitten werden. Auch bei stark versamenden Arten wie Astern kann so eine zu starke Ausbreitung verhindert werden. Ansonsten sollten die Samenstände im Winter stehen bleiben. Sie sind unglaub-lich attraktiv, wenn sie bei Frost und Raureif wie kleine Skulpturen die Beete zieren. Au-ßerdem werden die Samen von zahlreichen Vögeln wie Stieglitzen gern gefressen.

Pflege im Winter. Eine dicke Schnee-decke ist der beste Schutz gegen Kälte. Allerdings kann man sich angesichts des Klimawandels nicht mehr auf diesen natür-lichen Winterschutz verlassen. Daher erhal-ten nässe- und kälteempfindliche Stauden und Gräser in der kalten Jahreszeit eine Abdeckung aus Reisig und Laub. Dadurch werden auch Temperaturschwankungen vermieden, und die Pflanzen treiben nach ein paar warmen Tagen im Januar nicht zu früh aus. Viele Stauden, die im Sommer Hitze und Trockenheit vertragen, aber auch Gräser wie Pampasgras, reagieren im Win-ter empfindlich auf Nässe. Die Kälte macht ihnen weniger aus, wenn die Wurzeln trocken genug stehen. Binden Sie deshalb die Pflanzen mit einer Schnur zusammen oder decken Sie die Pflanzstelle mit großen Blättern ab.

Immergrüne Pflanzen verdunsten auch an sonnigen Wintertagen Wasser über die Blätter, können aber aus dem gefrorenen Boden keinen Nachschub aufnehmen. Eine lockere Abdeckung aus Reisig schirmt die Pflanze gegen Wind und die austrocknende Wintersonne ab.

Schnelle Hilfe bei Problemen

Nicht immer läuft alles perfekt. Mit ein paar Tricks können Unkräuter, Schädlinge und Pilzkrankheiten aber gut in Schach gehalten werden.

Schnecken, Giersch und Blattläuse – im Garten tummeln sich nicht nur willkommene Gewächse, sondern auch das ein oder andere unerwünschte Getier. Je vielfältiger der Garten angelegt und je abwechslungsreicher er bepflanzt ist, desto weniger Chancen haben Schnecken und Co., sich schnell auszubreiten.

Unkraut

Beikraut, Wildkraut, unerwünschte Begleitvegetation. So vielfältig wie die Arten sind auch die Bezeichungen für Unkräuter. Allen gemein sind die Eigenschaften, dass sie sich dort ansiedeln oder ausbreiten, wo man sie nicht haben möchte. Sie haben meist durch ihre Wuchskraft und Konkurrenzstärke einen Vorteil gegenüber den eigentlichen Gartenpflanzen. Grundsätzlich unterscheidet man zwischen Samen- und Wurzelunkräutern.

Samenunkräuter sind meist ein- oder zweijährige Pflanzen, die sich in kurzer Zeit massenhaft vermehren können. Sie sind Pionierpflanzen, die in neu angelegten Beeten mit offenem Boden optimale Bedingungen vorfinden. Typische Vertreter sind Persischer Ehrenpreis, Kletten-Labkraut, Greiskraut, Acker-Kratzdistel, Löwenzahn, Portulak, Vogelmiere, Hühner- und Fingerhirse sowie Gänsefuß. Je nach Art produziert jede Einzelpflanze zwischen 100 und 500 000 Samen, sodass die Pflanzen rechtzeitig in Schach gehalten werden sollten. Sinnvoll ist regelmäßiges Hacken zwischen den frisch gepflanzten Stauden, denn dann bilden sich erst gar keine Blüten oder Samenstände. Gehackt wird am besten nach einem Regenschauer, da sich die Pflanzen dann leichter aus dem weichen Boden ziehen lassen. Damit Samenunkräuter gar nicht erst keimen, sollte der offene, noch unbebewachsene (unbedeckte) Boden in den Beeten mit Humus, Sand oder Kies gemulcht werden (siehe Seite 47).

❯❯ Nacktschnecken gehören zu den lästigsten Gartenbewohnern.

>> Gegen Giersch ist (fast) kein Kraut gewachsen. Am besten arrangiert man sich mit ihm und setzt konkurrenzstarke Pflanzen wie Chinaschilf als Gegenspieler ein.

Wurzelunkräuter haben lange, unterirdische Rhizome und Wurzeln, mit denen sie sich ausbreiten. Bekannt und gefürchtet sind Giersch, Zaunwinde und Quecke. Da die Wurzeln mehrere Meter (!) tief in den Boden wachsen, ist es selten erfolgreich, sie zu jäten. Wurzelunkräuter können Sie nur aushungern, indem Sie sie regelmäßig und konsequent (oft dauert das Jahre) entfernen. Die Pflanzen werden dadurch immer weiter geschwächt. Selbst, wenn sie nicht gänzlich eingehen, so kann man einigermaßen mit ihnen leben.

Nacktschnecken

Schnecken können über Nacht die kompletten Neutriebe im Blumenbeet abfressen. Gegen eine akute Bedrohungslage bei Neupflanzungen helfen nur Schneckenkorn und nächtliches Absammeln. Salz schädigt die Pflanzen und den Boden, und alle anderen Hausmittel wie das Ausbringen von Eierschalen oder Kaffeesatz im Bereich der Pflanzen bringen nichts. In abwechslungsreichen Staudenbeeten und benachbarten Hecken leben Nützlinge wie Laufkäfer, Eidechsen, Igel und Vögel, die Schnecken und deren Eier fressen. Auch der Tigerschnegel, eine große, gestreifte und gefleckte Nackt-schnecke, frisst Schneckeneier und andere Schnecken.

Blattläuse

Blattläuse saugen an zarten Knospen und Trieben, wodurch es zu verkrüppelten Pflanzen kommen kann. Eine Bekämpfung ist allerdings fast nie nötig, denn Meisen und andere Vögel finden die (für sie) leckeren Insekten schnell und picken sie in kurzer Zeit weg. Auch die Larven von Marienkäfern und Schwebfliegen fressen Blattläuse. Auch hier gilt: Abwechslungsreiche und naturnahe Gärten locken Nützlinge an und machen eine Bekämpfung überflüssig.

Tipp

Der Einfluss der Düngung auf die Pflanzengesundheit wird oft unterschätzt. Normale Gartenböden sind fast überall ausreichend mit Nährstoffen versorgt. Lediglich dort, wo Pflanzen(teile) entnommen werden, wie bei der Ernte im Gemüsegarten, bei Rosen oder beim Rasenmähen, ist eine Nachdüngung sinnvoll. Düngen Sie nie zu viel, denn vor allem eine zu starke Stickstoffdüngung lockt Blattläuse an und fördert den Befall mit Mehltau und anderen Pilzkrankheiten.

SONNIGE BEETE

Ob trocken-
heiße Kies- und
Steppenbeete, üppige
Prachtstaudenrabatten,
feuchte Wiesen oder Präriepflanzungen: Sonnige Beete
lassen sich vielfältig gestalten und locken viele
Tieren an.

Kies- & Steppengärten
sonnig & trocken

Kies im Garten? Je mehr, desto besser! Echte Kiesgärten brauchen kein Wasser und sind wahre Insektenparadiese.

Das Vorbild für trocken-heiße Kies- und Steppengärten findet man in der Natur im Mittelmeerraum und in Asien. Steppen sind das Pendant zu den nordamerikanischen Prärien und unterscheiden sich von ihnen vor allem durch die Trockenheit im Sommer. Während es in der Prärie auch im Sommer immer wieder regnet, fallen in Steppenregionen nur im Herbst und Winter Regen oder Schnee.

Die Grundlage für einen Kiesgarten oder ein Kiesbeet ist ein sonniger und trockener Standort mit nährstoffarmem, sandigem und steinigem Boden, der sogar mit Geröll und größeren Steinen durchsetzt sein darf.

So karg und mager der Platz auch scheinen mag – es gibt jede Menge spezialisierte Stauden, Gräser und kleine Gehölze, die sich hier erst richtig wohlfühlen. Typisch für Kiesgärten ist die lockere, wie zufällig wirkende Pflanzung, bei der Lücken zwischen den Pflanzen nicht nur geduldet, sondern auch erwünscht sind. Freie Sand- und Kiesbereiche oder kleine Steinhaufen betonen den naturnahen Charakter.

Praktisch: Wege sind in einem Kiesgarten nur selten erforderlich, da man zur Pflege gut zwischen die Pflanzen treten kann, ohne sie zu beschädigen.

Leitstauden

In der eher flachen und flächigen Pflanzung setzen Stauden mit markantem Wuchs wie Palmlilien (*Yucca*) und Bart-Iris (*Iris*-Hybride) interessante Akzente. Auch Zweijährige wie die monumentalen Königskerzen (*Verbascum*), die eine Höhe von 2 m und mehr erreichen können, und Steppenkerzen (*Eremurus*), die ihre Blütenfackeln

» Helle, silbrig graue Blätter sind typische Merkmale von Pflanzen für trocken-heiße Beetstandorte.

❯❯ Den Blütenauftakt im Frühling und Frühsommer machen Zwiebelblumen wie die hellblaue Prärielilie (*Camassia leichtlinii*), die hier zusammen mit der orangegelben Gold-Wolfsmilch (*Euphorbia epithymoides*, Syn. *E. polychroma*) blüht.

im Hochsommer gen Himmel recken, können als Leitstauden die Führung im Beet übernehmen.

Hohe und ausladende Gräser können die Rolle der Leitstauden im Kiesgarten ebenfalls übernehmen. Die schönsten Arten werden ab Seite 58 beschrieben.

Begleitstauden

Wer denkt, dass die Auswahl von mittelhohen oder niedrigen Stauden für sonnige, trockene Standorte überschaubar sei, wird beim Blick in die Kataloge der Staudengärtnereien (Adressen siehe Seite 122) schnell eines Besseren belehrt.

Den Auftakt im Frühjahr machen nach den Zwiebelblumen (siehe unten) die Wolfsmilcharten. Mit die erste ist die Gold-Wolfsmilch (*Euphorbia epithymoides*). Es

folgen Steppen-Wolfsmilch (*E. seguieriana* subsp. *niciciana*), die Himalaja-Wolfsmilch (*E. griffithii* 'Fireglow') mit den feurig-orangefarbenen Blütenständen und die Walzen-Wolfsmilch (*E. myrsinites*) mit ihren dicken, silbergrauen, sukkulenten Blättern.

AUF EINEN BLICK

→ Stauden und Gräser für trocken-heiße Standorte haben oft feine, graue oder silbrige Blätter.

→ Das Laub ist zudem häufig behaart, um die Verdunstung durch Wind und Sonne zu vermindern.

→ Zwiebelblumen aus Steppengebieten wie Wildtulpen passen besonders gut in Kies- und Schotterbeete.

→ Sand- und bodenbewohnende Wildbienen fühlen sich im Kiesgarten wohl. Auch Eidechsen finden hier einen Lebensraum.

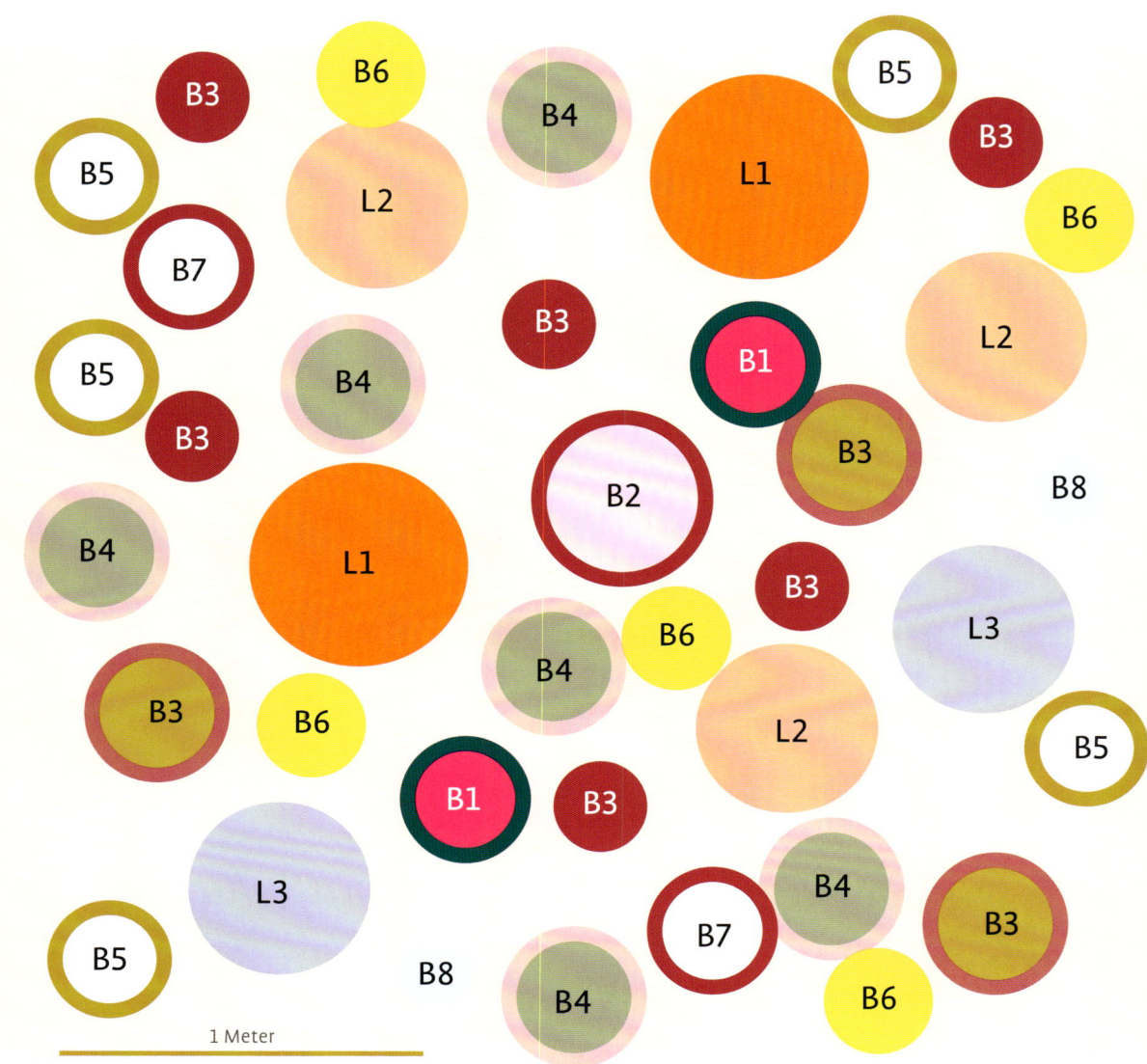

» Pflanzenverteilung für einen Kiesgarten
mit drei verschiedenen Leitstauden und
Leitgräsern (L1–L3) und sieben Begleitstauden
(B1–B7).
Die Leit- und Begleitstauden werden in der
Tabelle rechts beschrieben. Die Füllstauden
und Bodendecker sowie die Zwiebelblumen
werden zwischen den Leit- und Begleitstauden verte lt.

Staudenmischung „Präriemorgen" für frische bis feuchte, sonnige Standorte*

Name	Stück/ 10 m²	Besonderheiten	Alternativen/Variation
Leitstauden (Gerüstbildner)			
Amorpha canescens, Weißgrauer Bleibusch (L1)	2–3	kleiner Halbstrauch, im Herbst gelb, im Winter schöne Samenstände	1–2 *Salvia yangii* ‘Blue Spire' oder ‘Little Spire'
Eryngium yuccifolium, Yuccablättriger Mannstreu (L2)	2	Solitär, blaugraues, yuccaähnliches Laub, bizarrer Wuchs	2 *Eryngium agavifolium*, 1 *Yucca filamentosa*
Schizachyrium scoparium ‘Cairo', Prärie-Bartgras (L3)	3	zierende Samenstände, rötliche Herbstfärbung, Langsamentwickler	*Schizachyrium scoparium*
Begleitstauden			
Aster novae-angliae ‘Purple Dome', Raublatt-Aster (B1)	2–3	blauviolette Blüte, Herbstaspekt	2 *Aster pyrenaeus* ‘Lutetia'
Gaura lindheimeri ‘Elfenspiegel', Prachtkerze (B2)	1	kompakt, weiße Blütenschleier, blüht bis zum Frost, oft kurzlebig	*Gaura lindheimeri*
Echinacea tennesseensis ‘Rocky Top Hybrids', Tennessee-Scheinsonnenhut (B3)	6	Sommerblüher, zierende Samenstände	*Echinacea simulata*
Echinacea pallida Bleicher Scheinsonnenhut (B4)	3	Frühsommerblüher, zierende Samenstände, wenig Platzbedarf	*Echinacea simulata*
Liatris spicata Ährige Prachtscharte (B5)	7	Sommerblüher, zierende Samenstände, wenig Platzbedarf	*Liatris aspera*, Raue Prachtscharte
Nassella tenuissima, Mexikanisches Fiedergras (B6)	5	feinlaubig, silbriggrün im Sommer, schöner Winteraspekt, halbwintergrün	
Monarda fistulosa var. *menthifolia*, Minzblättrige Indianernessel (B7)	2–3	Frühsommerblüher, kugelige Samenstände	Sorten ‘Pummel' oder ‘Mohikaner'
Pycnanthemum tenuifolium, Schmalblättrige Bergminze (B8)	3	zierende Samenstände, frischgrünes nadelartiges Laub, kurze Rhizome	
Füllstauden und kurzlebige Stauden, Bodendecker			
Linum perenne, Ausdauernder Lein	2–3	Frühsommerblüher, kurzlebig, versamt sich gut	
Monarda punctata, Gepunktete Indianernessel	1–2	zweijährig bis kurzlebig, zierende Samenstände, auffällige Blütenstände	*Monarda citriodora*
Bouteloua gracilis, Moskitogras	20	zierende Samenstände	10–20 *Eragrostis spectabilis*
Solidago ptarmicoides (Syn. *Oligoneuron album*), Hochland-Aster	10	weiße Blüten, Spätblüher	*Calamintha nepeta* subsp. *nepeta*
Penstemon hirsutus, Haariger Bartfaden	6–7	wintergrüne Blattrosetten, mäßig langlebig, Selbstaussaat	5 *Calamintha nepeta* subsp. *nepeta*
Artemisia ludoviciana var. *albula* ‘Silver Queen', Weißer Beifuß	1	silbriges Laub, Ausläufer bildend	*Artemisia ludoviciana* var. *latiloba* ‘Valerie Finnis'
Zwiebelblumen und Knollenpflanzen			
Allium cernuum, Nickender Lauch	20	ausdauernd, wintergrün	*Allium sphaerocephalon*
Anemone blanda, ‘White Splendour', Balkan-Windröschen	50	weiß, lange blühend, steril	Sorte ‘Blue Shades' (blau)
Tulipa praestans ‘Tubergen's Variety', Wildtulpe	10	leuchtend rote Blüte	Sorte ‘Füsilier'
Narcissus triandrus ‘Petrel', Engelstränen-Narzisse	20	weiß, mehrblütig, duftend	*Narcissus cyclamineus* ‘Toto'

*) Weinheimer Mischung

» Gelb blühende Junkerlilien (*Asphodeline lutea*), gelb-grün panaschierte Palmlilien (*Yucca*), weißes Hornkraut (*Cerastium tomentosum*) und die schon im Austrieb imposanten großblättrigen Königskerzen (*Verbascum*) stammen zwar aus unterschiedlichen Regionen, teilen aber die Vorliebe für Sonne und durchlässige, eher trockene Böden.

Schlank und aufrecht wachsen verschiedene rhizombildende Schwertlilienarten wie die violette Gras-Schwertlilie (*Iris graminea*) und die Steppen-Iris (*Iris-spuria*-Hybriden), von der es viele Sorten in Weiß, Gelb, Lila und Pink gibt. Auch zweifarbige Formen sind im Handel erhältlich. Ebenfalls einen vertikalen Akzent können Sie mit dem orangegebraun blühenden Berg- oder Rostfarbigen Fingerhut (*Digitalis ferruginea*) setzen.

Der Früh- und Hochsommer im Kiesgarten gehört den verschiedenen Salbei-

Tipp

Feuer gehört in Steppen und Prärien zum natürlichen Rhythmus und zu den Jahreszeiten. Dennoch sollten Staudenbeete nicht abgebrannt werden. Oft ist dies ohnehin verboten, und bei größeren Flächen besteht die Gefahr, dass sich das Feuer unkontrolliert ausdehnt. Allerdings ist es manchmal sinnvoll, bereits zurückgeschnittene Flächen abzuflammen. Besonders Präriegräser wie *Schizachyrium* profitieren von einer solchen Verjüngung.

Arten. Vom heimischen Wiesen-Salbei (*Salvia pratensis*), der etwas mehr Bodenfeuchtigkeit bevorzugt, aber auch auf trockenen Sandböden gedeiht, gibt es nicht nur die typische blauviolette Form, sondern auch hellrosafarbene und weiße Sorten. Ob der schlanke Steppen-Salbei (*Salvia nemorosa*) heimisch ist, ist eine Frage der Definition. Durch den Klimawandel dehnt er sein Verbreitungsgebiet aber von Osten immer weiter nach Westeuropa aus und besiedelt trocken-heiße Naturstandorte. Für den Garten gibt es zahlreiche Sorten mit dunkelvioletten, rosafarbenen und weißen Blüten. Sie sind bei Hummeln und anderen Insekten sehr beliebt, da sie viel Nektar enthalten. Tipp: Schneiden Sie die Pflanzen im Sommer zurück, wenn die Blütenstände braun geworden sind. Dann treibt der Steppen-Salbei ein zweites Mal aus und blüht noch einmal im Spätsommer.

Weitere empfehlenswerte Arten sind der spät- und blaublühende Prärie-Salbei (*Salvia azurea*) und der weiß oder rosafarben blühende Muskateller-Salbei (*Salvia sclarea*). Letzterer ist keine echte Staude, sondern zweijährig. Da er sich aber gern selbst versamt, kommt er schnell an anderen Stellen wieder. Er wird gern von Schnecken gefressen, die sich aber normalerweile in trockenen Beeten nicht so wohlfühlen. Anziehend auf Insekten wirken die verschiedenen Astern, etwa die Sommer-Aster (*Aster amellus*) mit hellrosa, pinkfarbenen oder lilaroten Blüten, die ein gelbes Zen-

>> Schotter- oder Brachflächen können auch mit Saatgutmischungen begrünt werden. Blauer Natternkopf (*Echium*), gelbe Nachtkerze (*Oenothera*) und der silbrig blühende Hasen-Klee (*Trifolium arvense*) bilden schnell eine schöne Wiesenmischung, die mit Stauden ergänzt werden kann.

trum haben, die Goldhaar-Aster (*Galatella linosyris*, Syn. *Aster linosyris*) mit ihren gelben Blütenköpfen und die Pyrenäen-Aster (*A. pyrenaeus*), die blassrosa Blüten hat und bis in den September blüht.

Dass Disteln nicht nur lästige Unkräuter sind, beweisen die Edeldisteln aus der Gattung *Eryngium*, die auch Mannstreu genannt werden. Die Liste lässt sich beliebig fortführen: Perlkörbchen (*Anaphalis triplinervis*), Wermut (*Artemisia pontica*), Currykraut (*Helichrysum italicum*), Purpur-Witwenblume (*Knautia macedonica*), Gelber Lein (*Linum flavum*), Blauer Stauden-Lein (*L. perenne*), Lichtnelke (*Silene coronaria*), Steppendistel (*Morina longifolia*), Katzenminze (*Nepeta*), Brandkraut (*Phlomis*), Gelbe Skabiose (*Scabiosa ochroleuca*), Fetthennen (*Hylotelephium telephium*, Syn. *Sedum telephium*, und *H. spectabile*), Ähriger Ehrenpreis (*Veronica spicata*) und Büschel-Ehrenpreis (*Verionica teucrium*) fühlen sich alle auf trocken-warmen Stand-

orten wohl und werden von unzähligen Insekten als Nahrungsquelle aufgesucht.

Füller

Bis die Stauden angewachsen sind, füllen Einjährige und kurzlebige Stauden die Zwischenräume im Beet. Absolut unkompliziert sind der gelb oder orangefarben blühende Kalifornische Goldmohn (*Eschscholzia californica*), die Jungfer im Grünen (*Nigella damascena*), Patagonisches Eisenkraut (*Verbena bonariensis*) und Prachtkerzen (*Gaura lindheimeri*, Syn. *Oenothera lindheimeri*).

Gräser

Große Gräser wie das Riesen-Federgras (*Stipa gigantea*) oder die Ruten-Hirse (*Panicum virgatum*) setzen Akzente und brauchen keine Bewässerung, wenn sie angewachsen sind. Niedriger bleiben das Magellan-Blaugras (*Elymus magellanicus*) und der Blau-

>> Die abgestorbenen Samenstände der Hohen
Fetthenne (*Hylotelephium telephium*, Syn.
Sedum telephium) können im Frühling zurückgeschnitten werden, damit sich die Neutriebe
ungehindert entwickeln können.

Schwingel (*Festuca-cinerea*-Hybride), das
Blaue Schillergras (*Koeleria glauca*), Wimper-
Perlgras (*Melica ciliata*) und das Moskitogras
(*Bouteloua gracilis*). Ein Klassiker für vertikale Akzente im Beet ist das Reitgras (*Calamagrostis × acutiflora* 'Karl Foerster'). Auch
das Frauenhaargras (*Nasella tenuissima*),
das Lampenputzergras (*Pennisetum*) und
das Herbst-Kopfgras (*Sesleria autumnalis*)
vertragen Sonne und Trockenheit.

Tipp

Dynamik erwünscht: Die unterschiedlichen
Stauden dürfen durchaus ineinander
wachsen. So verändert sich der Charakter
einer Pflanzung von Jahr zu Jahr. Auch
durch Versamung durchmischen sich die
Pflanzen und suchen sich neue Plätze.
Allerdings ist bei manchen Arten wie Astern
oder Edeldisteln eine gewisse ordnende
Hand empfehlenswert, damit besonders
konkurrenzstarke Stauden und Gräser die
anderen Beetpflanzen nicht verdrängen.

Gehölze

Blauraute (*Salvia yangii*, Syn. *Perovskia
atriplicifolia*), Bartblume (*Caryopteris*),
Schmetterlingsflieder (*Buddleja*), Ginster
(*Genista*) und Lavendel (*Lavandula*) fühlen
sich im Kiesgarten überaus wohl und sorgen für Strukur im Beet. Ihre Blüten sind
Magneten für Wildbienen, Schmetterlinge
und viele andere Insekten.

Zwiebelblumen

Unter den Zwiebelblumen und Knollenpflanzen eignen sich alle Arten, die im
Frühjahr und Frühsommer blühen und in
der trocken-heißen Jahreszeit eine Ruhe-
pause einlegen, in der sie unter der Erde
übersommern. Das sind beispielsweise
Sternkugel-Lauch (*Allium christophii*),
Blauzungen-Lauch (*Allium karataviense*)
und Kugel-Lauch (*Allium sphaerocephalon*),
Junkerlilie (*Asphodeline*), aber auch Krokusse (*Crocus*) und Wildtulpen (*Tulipa*).

Pflegetipps

Da Steppen- und Kiesgartenpflanzen vor
allem im Winter keine Nässe vertragen,
kann es sinnvoll sein, den Boden vor der
Pflanzung abzumagern. Dabei müssen Sie
gar nicht so radikal vorgehen und die ge-
samte Mutterbodenschicht entfernen und
durch Sand und Schotter ersetzen. Wenn
der Unterboden einigermaßen durchlässig
ist, können Sie einfach eine 10–15 cm dicke
Sandschicht ausbringen, in die die Stauden

und Gräser gepflanzt werden. Sie wachsen schnell in den Boden darunter. Der Sand wirkt wie eine Mulchschicht und verhindert, dass der Boden austrocknet. Unerwünschte Sämlinge und Unkraut lassen sich leicht jäten und entfernen. Wildbienen erhalten perfekte Bedingungen zur Anlage von Brutröhren.

Häckselgut, das beim Rückschnitt im Spätwinter (meist ist das im Februar/März) anfällt, sollte bei Kiesbeeten entfernt werden, da sich sonst zu viele Nährstoffe ansammeln und die eigentlichen Beetbewohner, die auf kargen Böden am besten gedeihen, verdrängt werden.

Tiere anlocken

Insekten gehören zu den Charaktertieren im Kiesgarten. Vor allem Schmetterlinge, Wildbienen, Hummeln und Schwebfliegen werden von den zahlreichen Blüten angelockt und sammeln Pollen und Nektar. In den hohlen Stängeln von Königskerzen, Brandkraut und vielen anderen Stauden überwintern Spinnen und kleine Insekten. Sie dienen auch vielen Wildbienen als Brutstätte.

Die Stängel von Königskerzen und Co. schneidet man dazu im Spätwinter in einer

❯❯ Astern (*Aster*, *Symphyotrichum*) blühen erst spät im Jahr. Schmetterlinge wie das Tagpfauenauge, die den Winter als Falter und nicht als Puppe überdauern, sind auf solch spätblühende Blumen angewiesen, um genug Reserven für die kalten Monate zu tanken.

Höhe von einem oder eineinhalb Metern ab und lässt sie einfach im Beet stehen. Die Wildbienen graben ihre Niströhren dann ins weiche Mark.

Wenn die Stängel nicht im Beet verbleiben können, können Sie sie auch einfach an einer anderen Stelle im Garten senkrecht aufstellen. Die vorjährigen Stängel dienen im Frühjahr als Brutstätte und sollten daher nicht alle auf einmal bei der jährlichen Beetsäuberung entfernt werden. Sehen Ihnen diese Stängel jedoch zu unordentlich aus, können Sie auch zusammengebundenes Schilf oder die trockenen Halme von Chinaschilf und anderen hohen, dickhalmigen Gräsern als Nistplätze für Wildbienen im Beet oder in der Nähe des Beets aufstellen.

... Mäuse alle Zwiebeln fressen?

➡ Besonders Krokuszwiebeln sind bei Mäusen aller Art sehr beliebt.

➡ Beim Pflanzen bestäubt man sie mit Chilipulver – dann werden sie nicht gefressen.

➡ In Holz- und Steinhaufen findet das Mauswiesel Unterschlupf, das die Mäusepopulation dezimiert.

Prächtige Präriebeete

sonnig & mäßig feuchter Boden

Sonniger Standort, ein guter Boden – das ist der perfekte Platz für Präriebeete mit üppigen Stauden und Gräsern.

Klassische Beete mit üppigen Pracht-stauden, ganz im Stil der englischen Gartentradion auch „Border" genannt, werden meist entlang von Wegen oder Rasenflächen angelegt. Die Pflanzen sind oft wie auf einer Bühne nach Farben und weniger nach ihren Ansprüchen arrangiert. In solchen Prachtbeeten fühlen sich nicht nur Stauden wohl, sondern auch Rosen, Ziersträucher und Sommerblumen wie Schmuckkörbchen (*Cosmos*) und nicht winterharte Knollenpflanzen wie Dahlien und Blumenrohr (*Canna*).

Prachtstauden sind schon viele Jahre lang gezielt gezüchet worden und haben prächtige Blüten. Sie benötigen daher auch mehr Hege und Pflege als ihre naturbelas-senen Verwandten, die in naturnah wirken-den Präriebeeten gedeihen. Prachtstauden-beete sind nur mit großem Pflegeaufwand (Gießen, Düngen, Stützen, Ausputzen, Tei-len und Jäten) dauerhaft schön zu halten. Eine Alternative für ein perfektes Beet sind Präriebeete, die genauso beeindruckende Gartenbilder liefern, aber viel weniger Pflege benötigen.

Präriebeete

Präriepflanzen sind fast schon perfekte Gartenpflanzen: robust und standfest, hitze- und trockenverträglich, wenig an-fällig für Krankheiten und Schädlinge und obendrein absolut winterhart. Was will man mehr? Da die Hauptblütezeit der meisten Präriestauden und -gräser im Spätsommer und Herbst liegt, kommen verschiedene Frühlingsblüher wie Krokusse und Wildtulpen zum Einsatz. Im Frühsom-mer und Sommer schließen sich Steppen- und Wiesen-Salbei (*Salvia nemorosa* und

» Darf in keinem Garten fehlen: die Pfingstrose (*Paeonia × lactiflora*)

» Auch auf kleineren Flächen lassen sich attraktive Präriepflanzungen realisieren. Hier bilden Hohe Flammenblumen (*Phlox paniculata*) mit verschiedenen Scheinsonnenhüten (*Echinacea purpurea*) ein rosa-weißes Blütenmeer.

Salvia pratensis) an, von denen es viele Sorten mit weißen, rosafarbenen und violetten Blüten gibt. Auch in der Gattung der Storchschnäbel (*Geranium*) findet man zahlreiche Arten, die in Präriebeete passen. Ob das Beet mehr Stauden oder mehr Gräser enthalten soll, hängt von Ihrem Geschmack ab. Astern und Rudbeckien sorgen für ein herbstliches Blütenmeer. Wer es ruhiger und stylisher mag, pflanzt mehr Gräser.

Leitstauden

Im Präriebeet geben große Stauden wie Teppich- oder Myrten-Aster (*Aster ericoides*), Glatte Aster (*Aster laevis*) und andere, Sonnenhüte (*Rudbeckia* mit den Arten *R. maxima*, *R. fulgida* var. *deami* und *R. fulgida* var. *sullivantii*) und Scheinsonnenhüte (*Echinacea* mit den Arten

Echinacea pallida, *E. paradoxa*, *E. purpurea* und *E. tennesseensis*) sowie weitere hohe Stauden wie Anisysop, der auch Duftnessel genannt wird (*Agastache*), der einmal eingewachsen unverwüstliche Blausternbusch (*Amsonia tabernaemontana*), die gelbe,

AUF EINEN BLICK

→ Für sonnige Beete steht das ganze Sortiment der Prachtstauden wie Pfingstrosen, Rittersporn, *Phlox* und Co. zur Verfügung.

→ Auf nährstoffreichen Böden kann es leicht geschehen, dass viele Stauden umkippen, die eher einen trockenen Standort bevorzugen. Dann sind Staudenstützen sinnvoll.

→ Sonnige Beete ziehen viele Insekten wie Schmetterlinge und Hummeln an. Hier ist also immer was los, wenn Sie die richtigen Arten auswählen.

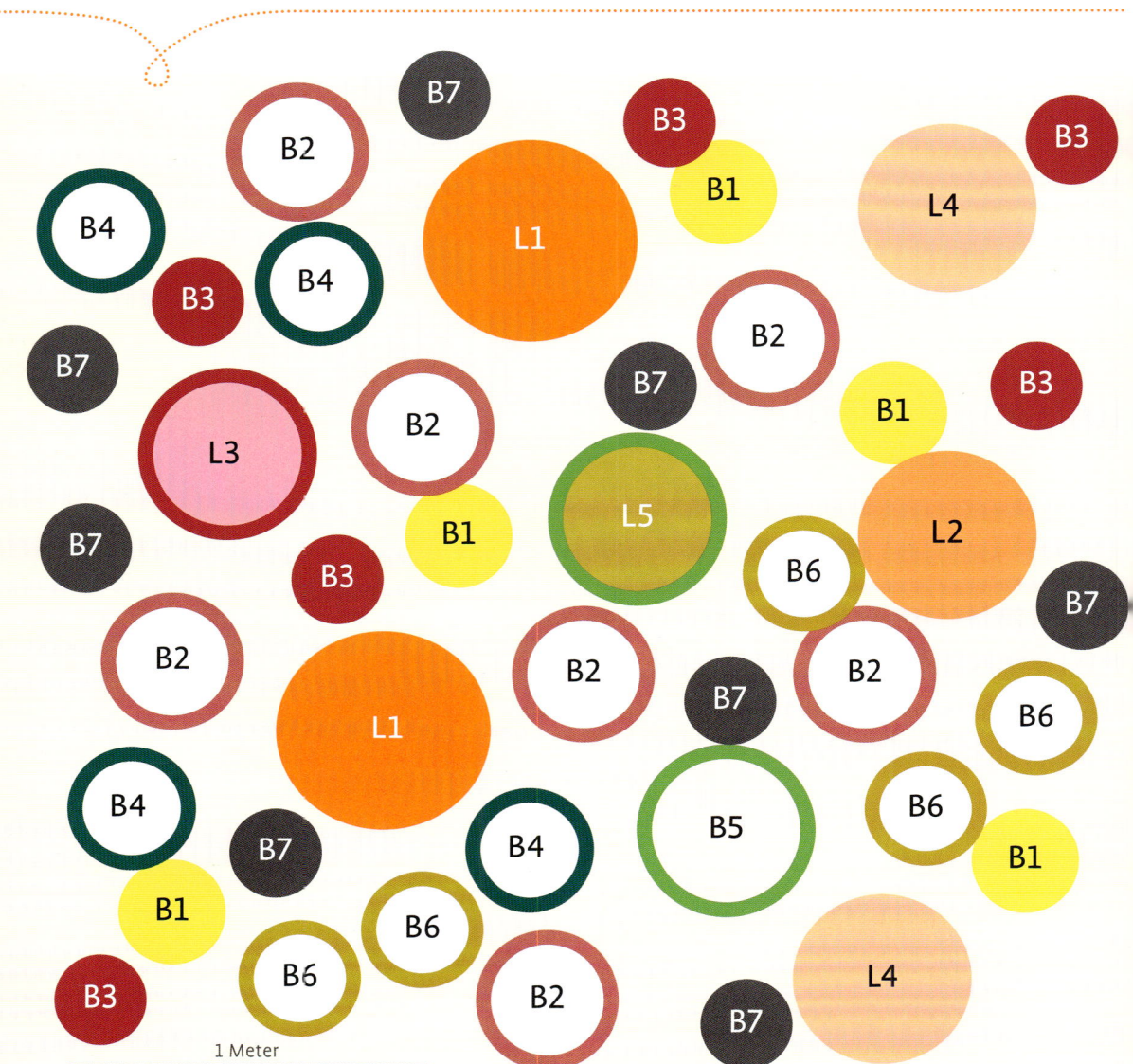

B7 · B3 · B2 · B1 · L4 · B3 · B4 · L1 · B2 · B3 · B4 · B2 · B1 · B3 · B7 · B7 · L3 · B2 · B7 · L5 · B1 · L2 · B7 · B3 · B6 · B2 · B7 · B2 · B6 · B2 · L1 · B7 · B5 · B6 · B4 · B4 · B1 · B6 · B1 · B6 · B2 · B3 · B7 · L4

1 Meter

» Pflanzenverteilung für einen Präriegarten
mit fünf verschiedenen Leitstauden und
Leitgräsern (L1–L5) und sieben Begleitstauden
(B1–B7). Die Leit- und Begleitstauden werden
in der Tabelle rechts beschrieben.

Die Füllstauden und Bodendecker sowie
die Zwiebelblumen werden zwischen den
Leit- und Begleitstauden verteilt.

Staudenmischung „Präriesommer" für frische bis feuchte, sonnige Standorte*

Name	Stück/ 10 m²	Besonderheiten	Alternativen/Variation
Leitstauden (Gerüstbildner)			
Agastache foeniculum 'Blue Fortune', Anisysop, Duftnessel (L1)	1–2	blaue Blütenähren, zierende Samenstände, vertikale Struktur	*Agastache* 'Black Adder' (dunkelviolett)
Aster ericoides 'Pink Star', Myrten-Aster (L2)	1–2	Herbstblüher, rosa Schleier-Aster	*Aster ericoides* 'Lovely' (hellrosa)
Baptisia australis, Blaue Färberhülse, Indigolupine (L3)	1–2	schöne Samenstände, Solitär, Langsamentwickler	*Baptisia*-Hybride 'Lemon Meringue' (gelb)
Solidago caesia, Goldbandrute, Blaustängelige Goldrute (L4)	1	bogenförmige Wuchsform zur Blütezeit, horstig, keine Samenbildung (steril)	*Solidago*-Hybride 'Strahlenkrone'
Panicum virgatum 'Hänse Herms' oder 'Heavy Metal', Ruten-Hirse (L5)	1–2	Solitär, zierende Samenstände, auffällige Herbstfärbung, Langsamentwickler	1 *Calamagrostis* × *acutiflora* 'Karl Foerster'
Begleitstauden			
Echinacea pallida, Bleicher Scheinsonnenhut (B1)	5	Frühsommerblüher mit *Tradescantia* und *Monarda*, zierende Samenstände	*Echinacea paradoxa*, Gelber Scheinsonnenhut
Echinacea purpurea, Roter Scheinsonnenhut (B2)	7–8	Sommerblüher mit *Liatris*, zierende Samenstände	Sorten 'Magnus' oder 'Rubinstern'
Liatris spicata, Ährige Prachtscharte (B3)	6	Sommerblüher, zierende Samenstände, vertikale Struktur, Langsamentwickler	*Liatris pycnostachya*, Prärie-Prachtscharte
Monarda fistulosa var. *menthifolia*, Minzblättrige Indianernessel (B4)	4–5	Frühsommerblüher, purpurrosa Blüten, kugelige Samenstände, kurzlebig	3–4 *Monarda* 'Scorpion' oder 'Beauty of Copham'
Parthenium integrifolium, Prärieampfer (B5)	1–2	weiße Scheindolden, lange Blütezeit, zierende Samenstände, üppiges Laub	*Gaura lindheimeri*
Penstemon digitalis 'Huskers Red', Fingerhut-Bartfaden (B6)	5	wintergrüne Rosetten, rötlicher Austrieb, Herbstfärbung, Frühsommerblüher	*Penstemon digitalis*
Tradescantia ohiensis, Ohio-Dreimasterblume (B7)	8	Vorsommerblüher, blaue Blüten, Pflanze zieht im Sommer ein	
Füllstauden und Bodendecker			
Verbena bonariensis, Patagonisches Eisenkraut	3	lang blühend, überlebt nur in milden Wintern, versamt aber in Lücken reichlich	
Gaura lindheimeri, Prachtkerze	1	kompakte Sorte, weiße Blütenschleier, Blütezeit bis zum Frost, oft kurzlebig	*Gaura lindheimeri* 'Elfenspiegel' (kompaktere Form)
Pycnanthemum tenuifolium, Schmalblättrige Bergminze	15	kurze Rhizome, zierende Samenstände	
Aster divaricatus, Weiße Wald-Aster	1–2	Spätsommerblüher, lange Blütezeit, niedrige, weiße Blütenschleier	*Aster divaricatus* 'Tradescant' (dunkle Stängel)
Artemisia ludoviciana var. *albula* 'Silver Queen', Weißer Beifuß	1–2	auffälliges weißfilziges Laub, bildet Ausläufer	*Artemisia ludoviciana* var. *latiloba* 'Valerie Finnis'
Oenothera pilosella, Behaarte Nachtkerze	5	Frühsommerblüher, zitronengelb, wintergrüne Blattrosetten, kurze Rhizome, rote Herbstfärbung	*Oenothera fruticosa* subsp. *glauca* 'Sonnenwende' (dunkelgelb)
Zwiebelblumen			
Camassia leichtlinii 'Caerulea', Leichtlins Prärielilie	20	blauer Frühblüher im Mai	*Camassia cusickii* 'Zwanenburg' (hellblau) oder *C. leichtlinii* 'Alba' (weiß)
Narcissus cyclamineus 'Jenny', Alpenveilchen-Narzisse	80	Wildcharakter, cremeweiße Blüte	50 *Narcissus jonquilla* 'Sailboat'

*) Weinheimer Mischung

> Auch im Herbst noch attraktiv: Die spitzen Halme des Japanischen Blutgrases (*Imperata cylindrica* 'Red Baron') teilen die Wogen aus violetten Astern, weiß aufschäumenden Prachtkerzen (*Gaura lindheimeri*) und verschiedenen Ziergräsern.

violette oder blaue Indigolupine (*Baptisia*), die mannshohe Sternwolkenaster (*Boltonia asteroides*) und das Mädchenauge (*Coreopsis*) den Ton an. Ebenfalls eine gute Figur machen Gelber Kronbart (*Verbesina alternifolia*), Vernonie (*Vernonia crinita*) und Kande aberehrenpreis (*Veronicastrum virginicum*).

Begleitstauden & Füller

So artenreich wie beim Sortiment der Leitstauden geht es auch bei den Füllstauden zu. Feinstrahl-Aster (*Erigeronspeciosus*-Hybriden), Mannstreu (*Eryngium*), Kokardenblume (*Gaillardia*), Prachtkerze (*Gaura lindheimeri*), Sonnenbraut (*Helenium*), Sonnenauge (*Heliopsis*), Prachtscharte (*Liatris spicata*), Indianernessel (*Monarda*), Nachtkerze (*Oenothera*), Bartfaden (*Penstemon*), Knöteriche (*Persicaria*), Brandkräuter (*Phlomis*), verschiedene Phloxe (*Phlox*), Prärie- und Steppen-Salbei

(*Salvia azurea* und *S. nemorosa*), Präriemalve (*Sidalcea*) und kurzlebige, sich aber leicht versamende Arten wie das Patagonische Eisenkraut (*Verbena bonariensis*) runden die Palette ab und sorgen ab Juni/Juli für ein Blütenmeer.

Gehölze

Eine ganzjährige Struktur schaffen kleine Halbsträucher wie Bartblumen (*Caryopteris*), Blaurauten (*Salvia yangii*, Syn. *Perovskia atriplicifolia*, und *Salvia abrotanoides*), Ginster (*Genista*) und Schmetterlingsflieder (*Buddleja*).

Gräser

Gräser gehören zu einem unverzichtbaren Gestaltungselement im Präriegarten. Hohe Arten wie Pampasgras (*Cortaderia*), Bartgras (*Andropogon*) und Chinaschilf (*Miscanthus*) können die Funktion von

Leitstauden übernehmen, denn sie sind einfach ein Hingucker. Aber auch Arten wie das Moskitogras (*Bouteloua gracilis*), Plattährengras (*Chasmanthium latifolium*), Liebesgras (*Eragrostis*), Rutenhirse (*Panicum*), Lampenputzergras (*Pennisetum*), Kleines Präriegras (*Schizachyrium*), Goldbartgras (*Sorghastrum nutans*) und Tautropfengras (*Sporobolus heterolepis*) sorgen für Abwechslung.

Zwiebelblumen

Die Blütenlücke im Frühjahr und Frühsommer wird mit Zwiebelblumen überbrückt. Wildtulpen und Krokusse blühen vor den vielen Zierlaucharten. Auch die Prärielilie (*Camassia*) eignet sich.

Pflegetipps

Da der Boden im Präriegarten meist nährstoffreicher ist und mehr Feuchtigkeit enthält als der des Kiesgartens (siehe S. 54), kann es geschehen, dass viele Planzen fast zu gut wachsen. Damit sie nicht umkippen, sollten Sie nicht zusätzlich düngen. Zwischen den kräftig wachsenden, konkurrenzstarken Stauden und Gräsern kommt kaum Unkraut durch. Lediglich in den ersten beiden Jahren muss ab und zu ein-

» Bitte nicht abschneiden! Die Samenstände des Brandkrauts (*Phlomis*) bleiben den ganzen Winter über stehen.

gegriffen werden. Das gilt später nur noch für Arten, die sich leicht versamen. Sie sind übrigens ein schönes Mitbringsel für Nachbarn, Freunde und Verwandte, die so auf den Geschmack gebracht werden können, ein Insektenparadies im eigenen Garten anzulegen. Präriebeete sollten im Spätwinter, bevor die Zwiebelblumen austreiben, zurückgeschnitten und das Mähgut sollte entfernt werden. Lässt man es liegen, sammeln sich zu viele Nährstoffe an.

Tiere anlocken

Die artenreiche Bepflanzung zieht ganz von allein viele Tiere an. Besonders Insekten wie Wildbienen, Schwebfliegen und Schmetterlinge fressen Pollen und Nektar an den Blüten und legen ihre Eier in Stängel, die im Frühjahr stehen geblieben sind. Im Herbst und Winter picken Vögel wie Stieglitze und Grünfinken Samen aus den Blütenständen von Gräsern und Stauden.

WAS TUN, WENN?

... Stauden und Gräser umkippen?

→ Meist ist der Standort zu nährstoffreich oder es wurde gedüngt.

→ Soforthilfe: Mit Reisig und Stäben abstützen oder aufbinden.

→ Schneiden Sie die Pflanzen im Frühjahr zurück und entfernen Sie das Schnittgut. Auf keinen Fall dürfen Sie düngen oder mit Kompost mulchen.

Feuchte Wiesen & Senken

sonnig & feucht

Wo der Boden nährstoffreich ist und das ganze Jahr ausreichend feucht bleibt, da ist das Reich der Großstauden.

Sonnige, feuchte Standorte findet man in der Natur im Gebirge auf satten Almwiesen und im Flachland entlang der fließenden Gewässer. Auf nährstoffreichen Böden, die nie oder selten austrocknen, können großblättrige Stauden ihre Pracht voll entfalten. In Senken, am Fuß von Hängen oder auf tiefgründigen Lehm- und Lössböden, die viel Feuchtigkeit speichern, fühlen sich diese prächtigen Gewächse wohl.

Leitstauden

Beeindruckende Großblattstauden sind die verschiedenen Zier-Rhabarber (*Rheum*), die eine Höhe von über 2 m erreichen können. Ähnlich, aber nicht verwandt, ist das Mammutblatt (*Gunnera manicata*), dessen Blätter einen Durchmesser von mehreren Metern erreichen können – wenn der Boden genug Feuchtigkeit und Nährstoffe enthält. Eine dicke Laubabdeckung im Winter verhindert, dass die Pflanze bei Frost Schäden bekommt. Unter den Blütenstauden sind besonders die gelb blühenden Greiskräuter (*Ligularia*) und die hohen Vertreter der Wiesenrauten (*Thalictrum*) empfehlenswert. Ihre Blüten sind wahre Insektenmagneten und werden von Wildbienen und Schwebfliegen besucht.

» Großblättrige Stauden wie der Goldkolben (*Ligularia*) fühlen sich am feuchten Teichrand besonders wohl.

» Hoch thronen die Blütenstände des Kron- oder Sibirischen Zier-Rhabarbers (*Rheum palmatum* var. *tanguticum*) über den rosa Blütenkolben des Wiesen-Knöterichs (*Bistorta officinalis* 'Superba')

Begleitstauden & Füller

Ganz nach dem Vorbild der Natur sollten in feuchten Wiesen und Beeten die Pflanzen in größeren Gruppen gesetzt werden. So entfalten sie ihre Wirkung am besten. Im Frühjahr gehören die heimischen Troll-blumen (*Trollius*) zu den ersten, es folgen Knöteriche (*Bistorta*) und Wiesen-Iris (*Iris sibirica*). Von Letzterer gibt es neben der blau-violett blühenden Wildform viele Farbsorten von Weiß über Rosa bis Pink und Violett – was die Kombination mit vielen anderen Pflanzen möglich macht. Auf keinen Fall dürfen die verschiedenen Vertreter aus der Gattung der Storchschnä-bel fehlen, die ab Ende Mai bis zum Frost unermüdlich blühen und für Farbe im Beet sorgen. Es gibt viele heimische Arten, von denen in gut sortierten Staudengärtnereien auch Farbsorten angeboten werden. Den blau blühende Wiesen-Storchschnabel (*Geranium pratense*) gibt es auch in Weiß und Rosa. Etwas höher wird das Mädesüß, das weiß (*Filipendula ulmaria*) oder rosa (*F. rubra*) blüht. Am Wasserrand setzen das

AUF EINEN BLICK

➡ Stauden und Gräser für sonnige und feuchte Standorte haben oft große, breite Blätter und erreichen eine imposante Größe.

➡ Gewächse, die sich für die Bepflanzung von feuchten Teichrändern oder der Sumpfzone eignen, fühlen sich auch in feuchten Wiesen wohl.

➡ Im feuchten Unterwuchs sind natürlich Schnecken zu Hause. Daher ist die richtige Pflanzenauswahl (sprich schneckenunempfindliche Gewächse) hier besonders wichtig.

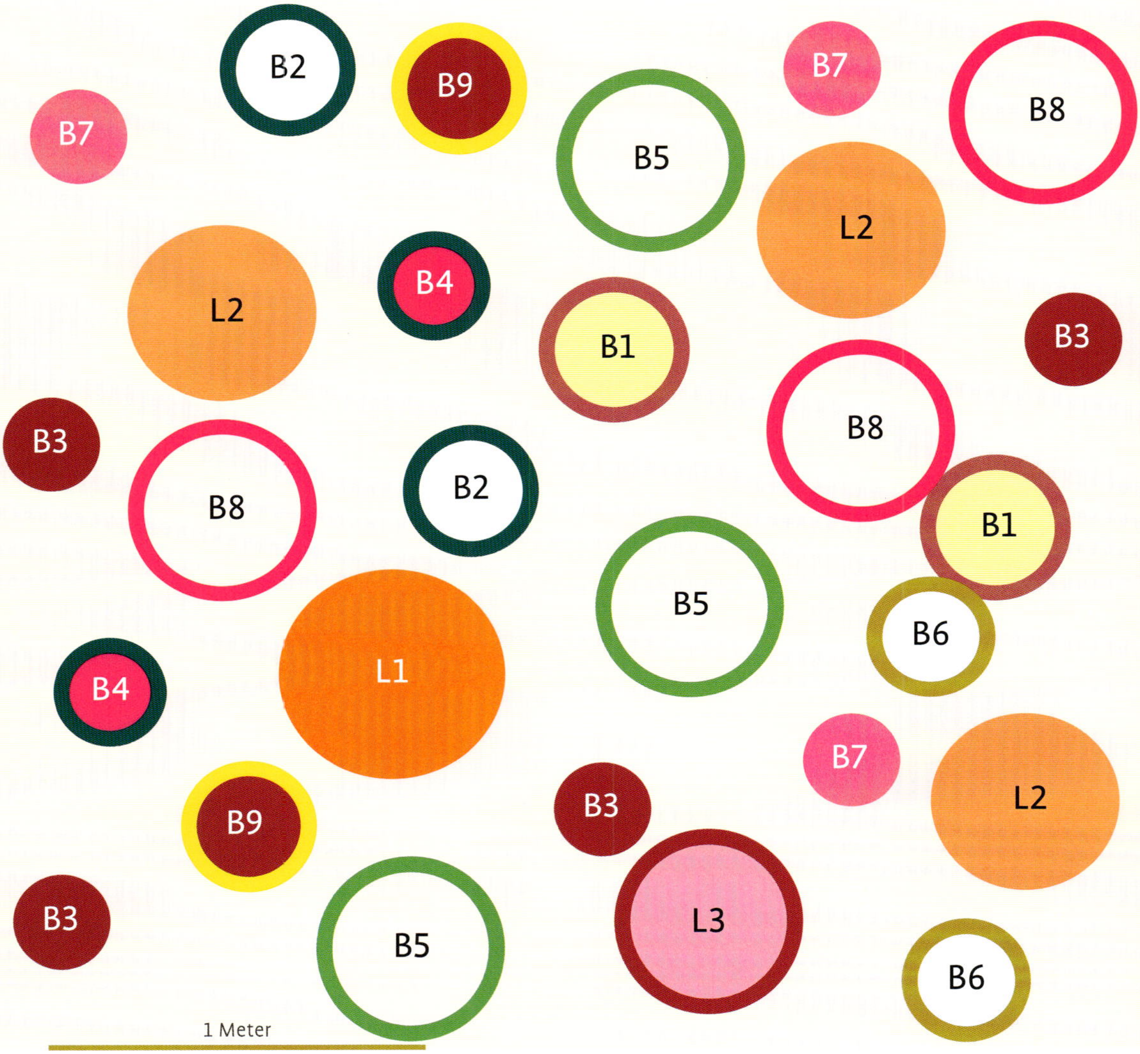

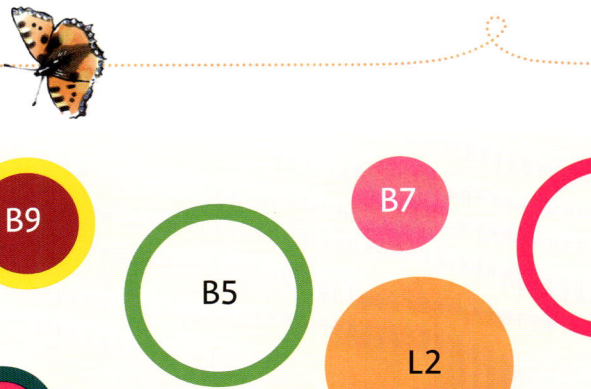

B2 · B9 · B7 · B8 · B7 · B5 · L2 · L2 · B4 · B3 · B1 · B3 · B8 · B2 · B8 · B1 · B5 · B6 · L1 · B4 · B7 · L2 · B9 · B3 · B3 · B5 · L3 · B6

1 Meter

» Pflanzenverteilung für ein feuchtes Wiesen-
beet mit drei verschiedenen Leitstauden und
Leitgräsern (L1–L3) und neun Begleitstauden
(B1–B9). Die Leit- und Begleitstauden werden
in der Tabelle rechts beschrieben.

Die Füllstauden und Bodendecker sowie
die Zwiebelblumen werden zwischen den
Leit- und Begleitstauden verteilt.

Staudenmischung „Pink Paradise" für frische bis feuchte, sonnige Standorte*

Name	Stück/ 10 m²	Besonderheiten	Alternativen/Variation
Leitstauden (Gerüstbildner)			
Calamagrostis × acutiflora 'Karl Foerster', Gartensandrohr (L1)	1	straff aufrechter Wuchs	*Panicum*-Arten
Festuca mairei, Atlas-Schwingel (L2)	3	rosafarbenes, kompaktes Gras	*Molinia caerulea*
Pennisetum alopecuroides 'Japonicum', Federborstengras (L3)	1	frischgrünes Gras, elegant, leicht überhängend	*Imperata cylindrica* 'Red Baron'
Begleitstauden			
Anemone 'Königin Charlotte', Herbst-Anemone (B1)	2	hellrosa Blüten, Herbstblüher	*Anemone hupehensis*
Ageratina altissima 'Chocolate', Braunblättriger Wasserdost (B2)	2	rotbraunes Laub, weiße Blüten, langlebig	*Eupatorium fistulosum* 'Purple Bush'
Heuchera micrantha 'Plum Pudding', Kleinblütiges Purpurglöckchen (B3)	4	im Frühjahr ausputzen, dunkelrotes Laub, Blattschmuckstaude	große Sortenvielfalt
Lythrum salicaria, Blut-Weiderich (B4)	2	einheimisch, versamt sich gut	weiß und rosafarben blühend
Bistorta amplexicaulis 'Superba', Schlangen-Wiesenknöterich (B5)	3	natürlich wirkende Staude, robust, versamt sich	
Chelone obliqua 'Alba', Miesmäulchen (B6)	2	straff aufrecht wachsend, weiße Blüten, bildet Ausläufer	
Stachys grandiflora 'Superba', Großblütiger Ziest (B7)	3	dichte Horste mit aufrechten Blütenstängeln, leuchtende Blüten	
Thalictrum aquilegifolium, Akeleiblättrige Wiesenraute (B8)	3	Rückschnitt nach Blüte, zieht bald nach der Blüte ein, einheimisch	
Iris sibirica 'Red Flame'; Sibirische Schwertlilie (B9)	2	dunkles Violett, rotbraune Herbstfärbung	
Füllpflanzen und Bodendecker			
Aquilegia vulgaris, Gewöhnliche Akelei	2	blauviolett, einheimisch versamt sich	weiß, rosa und mehrfarbig blühende Sorten
Geranium × cantabrigiense 'Berggarten', Cambridge-Storchschnabel	8	teppichbildende Staude, rosafarbene Blüten, rote Herbstfärbung	
Geranium × oxonianum 'Rose Clair', Oxford-Storchschnabel	8	schwach wüchsiger Bodendecker mit hellrosa Blüten	
Geranium × magnificum 'Rosemoor', Pracht-Storchschnabel	7	horstartig wachsender Bodendecker mit blauvioletten Blüten	
Aster dumosus 'Rosenwichtel'; Kissen-Aster	7	kissenbildende Aster mit kräftig rosafarbenen Blüten im Spätsommer	*Aster dumosus* 'Niobe', weiße Blüten
Zwiebelblumen			
Allium aflatunense 'Purple Sensation', Iran-Lauch	30	kugelförmiger Zierlauch mit hellvioletten Blüten	
Allium sphaerocephalon, Roter Kugel-Lauch	30	halbkugelförmige, hellviolette Blüten, die hoch über der Pflanzung stehen	
Anemone blanda 'White Splendour', Balkan-Windröschen	80	weißer Blütenteppich im April, wüchsig, mit langer Blütezeit, im Mai einziehend	*Anemone blanda* 'Blue Shades', blaue Blüten
Crocus etruscus 'Rosalind'	150	rosaviolett, kleinblütig	*Crocus tommasinianus*
Hyacinthus multiflora	10	dunkelrosa, duftend	
Tulipa bakeri 'Lilac Wonder'	70	Wildtulpe, hellrosa und gelbe Blüten	andere Wildtulpen

*) Wädenswiler Mischung

» Heimische Stauden unter sich: die gelbe Trollblume (*Trollius europaeus*) und der prächtig rosa blühende Wiesen- oder Schlangen-Knöterich (*Bistorta officinalis* 'Superba')

großblättrige Schildblatt (*Darmera peltata*) und Funkien (*Hosta*) tolle Akzente. Da Letztere an feuchten Standorten durch Schnecken gefährdet sind, sollten Sie eher Sorten mit bläulichen Blättern wie 'Halcyon', 'Elegans' oder 'Blue Vision' pflanzen. Sie sind bei Schnecken nicht ganz so beliebt wie die grün- oder grün-gelb-weiß-laubigen Arten und Sorten.

Tipp

Oft werden Stauden und Gräser, die Sonne und einen feuchten Standort brauchen, als „Teichrandpflanzen" angeboten. Im Garten sind die Teichrandzonen allerdings fast immer trocken, denn der Teich ist ja mit Folie wasserdicht zur Umgebung abgetrennt. Feuchte bis nasse Zonen vom Teichrand zum Sumpf gibt es dann nicht. Prüfen Sie vor dem Bepflanzen der Teichumgebung, wie feucht oder trocken der Boden ist, und wählen Sie dann die Pflanzen entsprechend.

Gehölze

Zier-Weiden wie die Purpur-Weide (*Salix purpurea*) oder die Sal-Weide (*Salix caprea*) lieben einen feuchten Boden. Wer es exotischer mag, probiert den Knopfbusch (*Cephalanthus occidentalis*), der interessant geformte Blüten hat. Für Farbe im Herbst sorgen Rot-Ahorn (*Acer rubrum*) und Amberbaum (*Liquidambar styraciflua*).

Gräser

Die Auswahl an Gräsern für sonnige, feuchte Plätze im Garten ist riesig. Groß und imposant werden die verschiedenen Pampasgräser (*Cortaderia*). Es gibt auch niedrigere Sorten für kleine Gärten, die aber nicht so elegant wie die hohen Sorten mit ihren überhängenden Blütenständen sind. Auch Chinaschilf (*Miscanthus sinensis*) wächst auf feuchten Böden. In wintermilden Regionen ist das bis zu 4 m hohe Pfahlrohr (*Arundo donax*) einen Versuch

wert. Wer es aus Südfrankreich kennt, holt sich damit echtes Urlaubsfeeling in den Garten. Benötigen Sie niedriger bleibende Arten und Sorten, können Sie zwischen Neuseeland-Segge (*Carex comans*), Japanisches Blutgras (*Imperata cylindrica* 'Red Baron'), Rohr-Glanzgras (*Phalaris arundinacea*) und bei nassem Boden auch Teichsimse (*Schoenoplectus lacustris*) und Flatterbinse (*Juncus effusus*) wählen.

Zwiebelblumen

Krokusse, Windröschen (*Anemone*), Zier-Lauche (*Allium*) und Hyazinthen wachsen auch an feuchten Standorten.

Pflegetipps

Die großen Blätter und das üppige Laubwerk von Stauden und Gräsern, die an feuchten Stellen wachsen, fallen im Herbst oft unschön in sich zusammen und können kleinere Gewächse darunter im wahrsten Sinne des Wortes ersticken. Daher sollten große Blätter schon im Spätherbst, wenn sie welk und schlapp sind, zurückgeschnitten werden. Sie kommen auf den Kompost und können dann ein Jahr später wieder als Humus auf das Beet zurück.

WAS TUN, WENN?

... in Senken Wasser stehen bleibt?

➡ Pflanzen Sie Sal-Weiden (*Salix caprea*). Ihre Blätter dienen fast 40 Arten von Tagschmetterlingen und Nachtfaltern als Nahrung.

➡ Sal-Weiden sind zweihäusig: Männliche und weibliche Blüten erscheinen auf unterschiedlichen Pflanzen. Die Kätzchen sind die erste Pollenquelle für Wildbienen.

» Von der Sibirischen Schwertlilie (*Iris sibirica*), die passenderweise auch Wiesen-Iris genannt wird, gibt es unzählige Sorten mit reinweiß, rosa, violett und dunkelblau gefärbten Blüten. Hier blüht die Sorte 'Berlin Purple Wine' zusammen mit dem Allroundtalent Gold-Wolfsmilch (*Euphorbia epithymoides*).

Eine Herausforderung ist der Umgang mit Schnecken an feuchten Gartenstandorten. Am besten wählen Sie von vornherein Arten, die wenig gefährdet sind, wie Storchschnäbel und Gold-Wolfsmilch.

Tiere anlocken

Neben Schmetterlingen und Wildbienen fühlen sich in den feuchten Bereichen auch Schnecken wohl. Während die roten Wegschnecken Pflanzen anfressen und sehr lästig sind, richten die kleinen Gehäuseschnecken mit ihren geringelten Häuschen und die Weinbergschnecken kaum Schäden an. Und mit etwas Glück vermehren sich die Nacktschnecken fressenden Tigerschnegel (siehe S. 119) auch in frisch-feuchten Blumenbeeten und machen Jagd auf Wegschnecken und andere Schädlinge.

Für Sonnenanbeter:
Tierparadies Kiesgarten

Kies- und Steppengärten bieten zahlreichen Tieren
Nahrung und Unterschlupf: Seltene Schmetterlinge,
Eidechsen und Wildbienen tummeln sich in den Beeten.

>> Ein Schwalbenschwanz saugt Nektar an einer
Wiesen-Flockenblume (*Centaurea*).

Schmetterlinge

Die Blüten von Steppen- und Kiesgartenstauden ziehen unzählige Insekten und
viele Schmetterlinge an. Damit sich die
hübschen Falter im Garten ansiedeln, ist
es wichtig, ihnen nicht nur eine breite
Blütenpflanzenpalette anzubieten, an der
sie Nektar saugen können, sondern auch
die passenden Nahrungspflanzen für die
Raupen. Viele dieser Futterpflanzen lassen
sich einfach in die Beete integrieren oder
im Garten anpflanzen. Die Raupen des
Schwalbenschwanzes fressen an Dolden-
blütlern wie Wilder Möhre, Dill oder Fen-
chel. **Distelfalter** brauchen den Natternkopf
(*Echium*), der **Kaisermantel** legt seine Eier
an Brom- und Himbeeren sowie Veilchen,
und **Bläulingsraupen** laben sich an Thymian, Goldregen und Wicken.

Eidechsen

Die häufigsten Eidechsen im Garten sind
die **Zauneideche** (*Lacerta agilis*) und die
Mauereidechse (*Podarcis muralis*). Beide
Arten lieben exponierte, sonnig-warme
Trockenmauern, Steinhaufen und trockene
Zonen in den Beeten. Wichtig sind ab-
wechslungreiche Flächen mit Sand, Totholz,

❯❯ Auf Steinen und Holzstücken im Beet sonnen sich Eidechsen wie diese Zauneidechse.

Steinen und Pflanzen. Eidechsen ernähren sich von verschiedenen Insekten und Spinnen. Damit sie sich vor Katzen, Greif- und Rabenvögeln verstecken können, sollten Sie Stein- und Geröllhaufen oder locker gestapelte Ziegel in die Beete integrieren.

Wildbienen

In Deutschland leben fast 600 Wildbienenarten, von denen viele gefährdet sind. Daher sind Gärten mit ihrer Vielzahl an Pflanzen und kleinteiligen Lebensräumen ein wichtiges Refugium für diese bedrohten Insekten. Man unterscheidet drei Gruppen von Wildbienen. Es gibt Bienen, die kollektiv in Staaten oder Gruppen leben wie die Hummeln. Solitär lebende Bienen machen dagegen mit 95 % die größte Gruppe aus. **Sand-** und **Mauerbienen** sind typische Vertreter, die ihre Eier in Holzlöcher oder Erdröhren ablegen. Die dritte Gruppe sind die **Kuckucksbienen**, die ihre Eier in die Nester von anderen Wildbienen legen und sich so das Anlegen eines Nahrungsvorrats sparen. Wichtig für alle Wildbienen sind trockene, warme und offene Stellen (beispielsweise ein „Sandarium"), in die sie ihre Nisthöhlen graben können. Auch Holzklötze oder Äste mit Bohrlöchern werden gern angenommen.

❯❯ Offene Sandflächen bieten Wildbienen optimale Nistplätze, in die sie ihre Höhlen graben können.

MATERIAL

- Sandarium: Schütten Sie Estrichsand in einer Dicke von 10–15 cm an einer sonnigen Stelle an.
- Bohrlöcher in Holzblöcken und dicken Ästen dienen als Brutröhren.
- Schilfrohr oder Holunderäste können Sie wettergeschützt waagrecht in Bündeln aufhängen.
- Abgeblühte Königskerzen können Sie kappen und stehen lassen.

HALBSCHATTIGE BEETE

Im Schatten unter Bäumen und Sträuchern fühlen sich Blattschmuckstauden wohl. In den Ästen über dem Beet halten viele Vögel nach Raupen und Blattläusen Ausschau.

Vor Mauern & Hecken

halbschattig & trocken

Halbschattige Beete bekommen nicht mehr als sechs Stunden Sonne pro Tag, entweder vor- oder nachmittags.

Trockenere, halbschattige Standorte findet man im Garten unter lichten, immergrünen Sträuchern und vor Hecken, aber auch vor Mauern oder Zäunen, die das Sonnenlicht eine Tageshälfte lang abschatten. Je nach Ausrichtung (Westen oder Osten) gelangt mehr oder weniger Regen zu den Pflanzen. Standorte auf der Ostseite bekommen deutlich weniger Regen ab als Orte auf der Westseite. Sie sind daher trockener. Diese Standorte sind mit sonnig-warmen, trockenen Waldrär dern in der Natur vergleichbar, die am Vormittag Sonne bekommen. Viele Waldrandstauden und Gräser wie die Seggen gedeihen hier perfekt.

Leitstauden

Der Rote Federmohn (*Macleaya microcarpa* 'Spetchley Ruby' wird im Lauf der Jahre bis zu 2 m hoch und kann auch als Sichtschutz dienen. Auch der Busch-Knöterich (*Aconogonon alpinum* 'Johanniswolke', Syn. *Polygonum polymorphum*), der auch den Namen Staudenflieder trägt, wächst sich zu einem Hauptdarsteller im Beet aus. Auch die Glattblatt- (*Aster laevis*) und die Garten-Aster (*A. × frikartii*) eignen sich für trockenere Standorte im Halbschatten. Sie sorgen im Herbst für eine wahre Blütenpracht. Ebenfalls im Herbst blüht die Herbst-Anemone (*Anemone tomentosa*), die eine Höhe von gut 1,5 m erreicht und rosaweiße Blüten mit gelbem Zentrum hat.

Begleitstauden

Wer es unkompliziert mag, der bedient sich aus dem großen Sortiment der Storch-

» Der Gelbe Lerchensporn (*Pseudofumaria lutea*, Syn. *Corydalis lutea*) passt hervorragend zu den großen gelbgrünen Blättern der Funkie (*Hosta*). Dazwischen verbindet eine Berg-Segge (*Carex montana*) beide Stauden und fügt das Trio harmonisch zusammen.

>> Wo kein Schatten ist, kann man ihn auch pflanzen: Unter dem weiß blühenden Pfeifenstrauch oder Duftjasmin (*Philadelphus* 'Schneesturm') gedeihen gelbgrüner Frauenmantel (*Alchemilla mollis*) und rosa blühender Oxford-Storchschnabel (*Geranium × oxonianum*).

schnäbel (*Geranium*). Auch Frauenmantel (*Alchemilla*) breitet sich schnell aus und bedeckt den Boden. Schönes, grün-silbrig gezeichnetes Laub und bunte Blüten kombinieren die verschiedenen Arten der Taubnesseln (*Lamium*).

Gräser

Seggen wie Gold-Segge (*Carex oshimensis*), die Berg-Segge (*Carex montana*) und die Vogelfuß-Segge (*Carex ornithopoda*) gedeihen im trockenen Halbschatten genauso gut wie das Berg-Reitgras (*Calamagrostis varia*) und das Herbst-Blaugras (*Sesleria autumnalis*).

Zwiebelblumen

Hohe Akzente im Frühsommer setzen die verschiedenen Arten der Kugel-Lauche (*Allium*) wie etwa 'Purple Sensation' und 'Globe Master'. In den Bereichen zwischen

diesen Pflanzen breiten sich Krokusse (*Crocus*), Winterlinge (*Eranthis*) und Blausterne (*Scilla*) aus. Auch Wildtulpen wie *Tulipa orphanidea* und *Tulipa clusiana* sowie die blattschmucken Frühlings- und Herbst-Alpenveilchen (*Cyclamen coum* und *Cyclamen hederifolium*), die weiß, rosa und pink blühen, eignen sich gut zum Verwildern.

AUF EINEN BLICK

→ Unter Nadelbäumen ist es das ganze Jahr über trockener, da hier weniger Regen hindurchfällt.

→ Auch vor nach Osten oder Nordosten ausgerichteten Mauern, die nur die Abendsonne, aber wenig Regen abbekommen, findet man trocken-halbschattige Bereiche.

→ Viele Stauden, die in der Natur am Waldrand wachsen, fühlen sich im trockenen Halbschatten wohl.

→ Unter den Seggen (*Carex*) gibt es besonders viele trockenheitsverträgliche Arten.

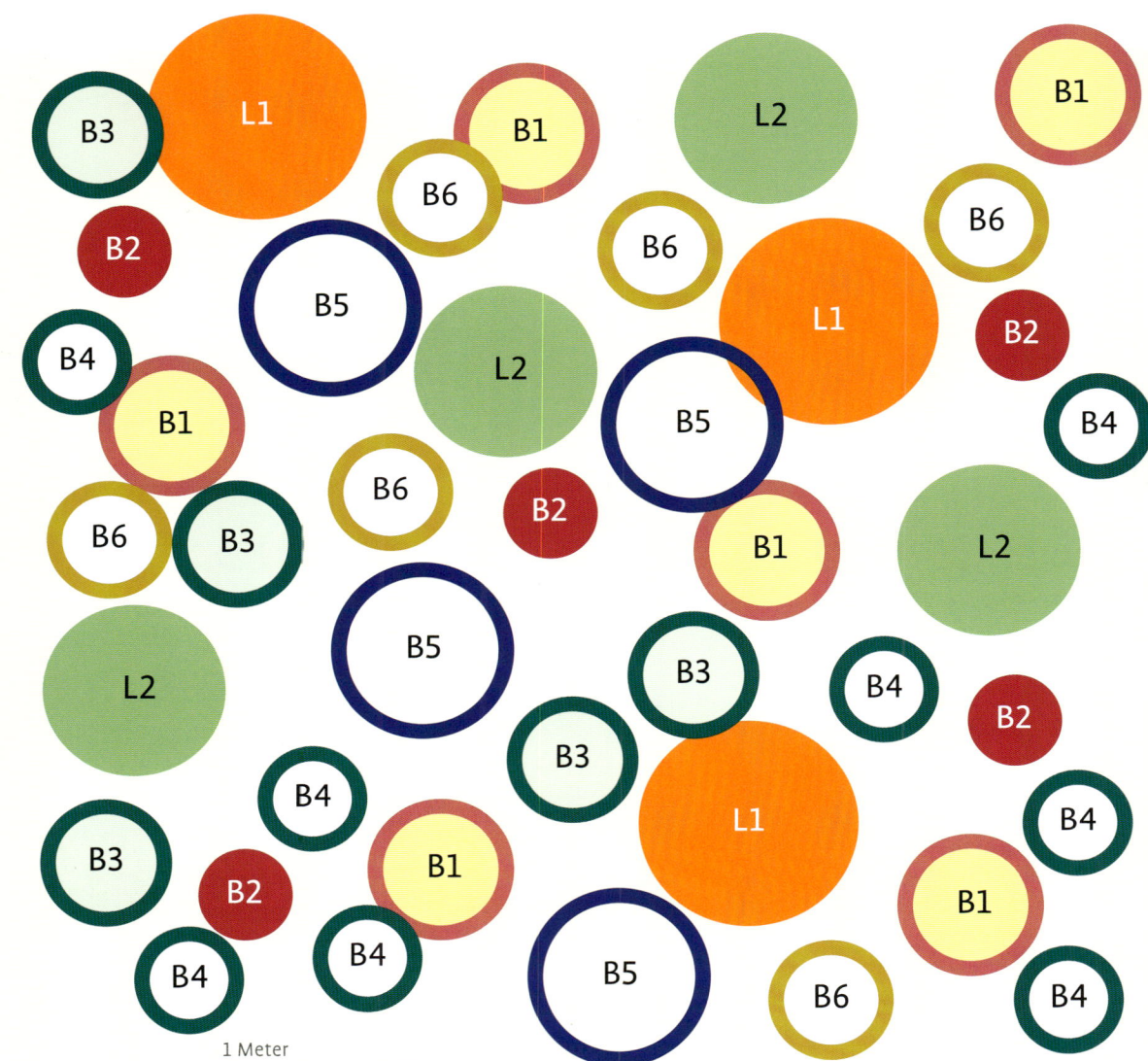

1 Meter

» Pflanzenverteilung für ein trockenes Halbschattenbeet mit zwei verschiedenen
Leitstauden und Leitgräsern (L1–L2) und
acht Begleitstauden (B1–B6). Die Leit- und
Begleitstauden werden in der Tabelle rechts
beschrieben.
Die Füllstauden und Bodendecker sowie
die Zwiebelblumen werden zwischen den
Leit- und Begleitstauden verteilt.

Staudenmischung „Bernburger Blütensaum" für halbschattige, trocken bis wechseltrockene Standorte

Name	Stück/ 10 m²	Besonderheiten	Alternativen/Variation
Leitstauden (Gerüstbildner)			
Aster × frikartii 'Mönch', Frikarts Aster (L1)	3	große blauviolette Blütensterne, sehr lange Blütezeit	*Aster × frikartii* 'Wunder von Stäfa'
Sesleria autumnalis, Herbst-Blaugras (L2)	4	im Herbst blühendes Gras mit guter Winterwirkung	3 *Sporobolus heterolepis*
Begleitstauden und Bodendecker			
Codonopsis clematidea, Tigerglocke (B1)	8	blassblaue Blüten auf grazilen Stielen	*Campanula persicifolia*
Geranium 'Sirak' (*G.-gracile*-Gruppe), Storchschnabel (B2)	5	sehr großblumiger, rosa blühender Storchschnabel	*Geranium × oxonianum* 'Claridge Druce'
Phuopsis stylosa, Rosenwaldmeister (B3)	5	unangenehmer Geruch, nicht in der Nähe von Fenstern und Sitzplätzen verwenden	*Ceratostigma plumbaginoides*, *Prunella grandiflora*
Potentilla recta 'Warrenii', Aufrechtes Fingerkraut (B4)	10	hellgelb blühende Sorte, fügt sich besser in die Mischung ein als die reine Art	5 *Hemerocallis citrina*
Salvia nemorosa 'Ostfriesland', Steppen-Salbei (B5)	5	violettblaue Blütenkerzen im Frühsommer	*Salvia nemorosa* 'Caradonna' mit dunkelvioletter Blüte
Solidago nemoralis, Graue Goldrute (B6)	5	lockere gelbe Blütenstände im Spätsommer	*Solidago sphacelata* 'Golden Fleece'
Geranium × cantabrigiense 'Berggarten', Cambridge-Storchschnabel	10	wintergrüner Bodendecker mit karminrosa Blüte von Mai bis Juni	*Geranium × cantabrigiense* 'Cambridge'
Omphalodes verna, Frühlings-Gedenkemein	5	verträgliche Bodendecker mit blauer Blüte im zeitigen Frühjahr	
Viola odorata 'Königin Charlotte', Duft-Veilchen	10	violett-blauer Vorfrühlingsblüher, der im Sommer kaum in Erscheinung tritt	*Viola rupestris*
Viola sororia Pfingst-Veilchen	10	im späteren Frühjahr blau blühend, gut versamend	
Zwiebelblumen			
Crocus tommasinianus, Dalmatiner-Krokus, Elfen-Krokus	50	hellblauer Vorfrühlingsblüher mit reicher Ausbreitung	*Crocus sieberi*
Eranthis hyemalis, Winterling	100	niedrige gelbe Blüten im ausgehenden Winter, versamend	
Scilla siberica, Sibirischer Blaustern	50	gut versamend, Glöckchen in klarem Blau	*Chionodoxa forbesii*
Scilla siberica 'Alba', Sibirischer Blaustern	50	gut versamend, weiße Blüte	
Tulipa orphanidea 'Whittallii', Wildtulpe	30	kupferfarbene Blüten auf grazilen Stilen	

*) Hochschule Anhalt in Bernburg

>> Gelb und Rosa passen nicht zusammen? Diese Kombination aus Tulpen-Magnolie (*Magnolia × soulangeana* 'Susann') und gelber Gemswurz (*Doronicum orientale*) beweist das Gegenteil.

Nistkästen für Vögel

Gartenvögel sind perfekte Schädlingsbekämpfer. Die chemische Keule, die in einem naturnahen Garten ohnehin nichts verloren hat, kann da nicht mithalten. Es lohnt sich also, möglichst viele Vogelarten mit Nistkästen nicht nur in den Garten zu locken, sondern auch zum Verweilen aufzufordern. Damit Meise, Sperling und Co. auch erfolgreich brüten und ihre Jungen großziehen können, sind Nistkästen und Nisthilfen nötig, denn das Angebot natürlicher Höhlen ist im Garten naturgemäß gering und auch in der Umgebung bei weitem nicht ausreichend.

Die häufigsten Gartenvögel sind Meisen. Meist finden sich die gelb-schwarzen Kohlmeisen und ihre kleineren Vettern, die Blaumeisen, ein. Sie ernähren sich von Insekten, insbesondere von Blattläusen und kleinen Raupen sowie Minierfliegenlarven und leisten daher wertvolle Dienste bei der Schädlingsbekämpfung. Auch Spatzen, also Feld- und Haussperlinge, füttern ihre Nachkommen mit Insekten. Die ausgewachsenen Tiere fressen auch Samen und Körner, besonders gern von Hirse und anderen Samenunkräutern. Kleiber suchen unermüdlich die Rinde von alten Obstbäumen ab und halten so Falter und Raupen der verschiedenen Wickler in Schach.

Damit sich die Vögel im Garten wohlfühlen und niederlassen, brauchen sie nicht nur Nistmöglichkeiten in Form von Kästen, sondern auch Hecken, Gebüsche, Sträucher und Blumenbeete, in denen sie Nahrung und Unterschlupf finden.

Pflegetipp

Frauenmantel wird nach der Blüte unansehlich, denn das Laub bekommt Flecken und hat eingetrocknete Stellen. Daher kann er im Juli komplett zurückgeschnitten werden. Bis man aus dem Sommerurlaub zurück ist, hat die Pflanze wieder neues, makelloses Laub gebildet.

Tipp

Vögel sind für eine Auswahl an unterschiedlichen Nistkästen beziehungsweise Nistmöglichkeiten im Garten dankbar. In dieser Hinsicht unterscheiden sie sich nicht besonders von uns Menschen. Wir schauen uns ja auch mehrere Wohnungen oder Couchgarnituren an, bevor wir uns für eine entscheiden. Es sollten also immer mehrere Kästen aufgehängt werden. Je größer die Auswahl, desto höher die Chance, dass sich gefiederte Gartengäste einfinden.

Durch die Größe des Einfluglochs können Sie beeinflussen, welche gefiederten Freunde Sie in Ihren Garten locken. Die Größe des Nistkastens ist für alle gleich: etwa 14 cm Innendurchmesser und 25 cm Höhe. Die Nistkästen sollten an alten Bäumen angebracht werden, am Stamm oder von waagrechten Ästen herabhängend. Auch die Wände von Gartenhäuschen, Garagen oder Schuppen eignen sich. Wenn Sie den Kasten an einem Baum befestigen, sollten Sie Nägel aus Edelstahl verwenden. Sie rosten nicht, und der Baum nimmt keinen Schaden. Noch besser sind Drahtbügel, die über einen Ast gehängt werden. Ideal ist eine Höhe von 2–3 m. Damit Wind und Regen nicht in das Einschlupfloch gelangen, ist es am besten, die Kästen nach Südosten oder Süden auszurichten, da der Wind meist aus Westen weht. Aus diesem Grund sollte der Kasten auch immer leicht nach vorn und nicht nach hinten gekippt angebracht werden. Vögel bevorzugen Kästen, die sie direkt anfliegen können, also sollten Sie sie nicht im dichten Gestrüpp oder Geäst aufhängen. So haben Nesträuber auch weniger Chancen, sich in der Nähe auf die Lauer zu legen. Damit Katzen oder Marder nicht von unten an den Kasten gelangen können, sollte der Stamm mit einem Katzenabwehrgürtel (gibt es in verschiedenen

» Jedes Meisenpaar verzehrt mit seinen Jungen pro Jahr über 150 000 Raupen. Da lohnt es sich, in den Bäumen über den Beeten Nistkästen aufzuhängen.

Größen für unterschiedlich dicke Bäume) aus Metall umwickelt werden. Der Kletterschutz sollte mindestens bis in eine Höhe von 1,5 m reichen. Spätestens Ende März sollten alle Kästen hängen, damit sie rechtzeitig bezogen werden können.

Nistkästen für Singvögel

Vogelart	Durchmesser
Blau-, Tannen-, Hauben-, Sumpf- und Weidenmeise	26–28 mm
Kohlmeise, Kleiber	32 mm
Feld- und Haussperling, Trauerschnäpper	35 mm
Gartenrotschwanz	48 × 35 mm (hochoval)

Unter Bäumen & Sträuchern
halbschattig & mäßig trocken

Im lichten Bereich unter den Gehölzen gedeihen viele Pflanzen, die das sanfte Wechselspiel aus Licht und Schatten lieben.

Dort, wo die Sonne durch ein lockeres Blätterdach scheint oder sich der Lichteinfall durch die Bewegung der darüber wachsenden Zweige und Äste laufend ändert, entsteht ein lichter Schatten, in dem eine Fülle prächtiger Waldrandstauden und -gräser gedeiht. Von allen Plätzen im Garten ist die Auswahl an passenden Pflanzen wohl hier am größten. Hier ist es nicht zu sonnig und nicht zu dunkel. Dazu gibt

es eine ausgeglichene Bodenfeuchtigkeit. Schöpfen Sie aus dem Vollen!

Leitstauden

Astilben (*Astilbe*), Eisenhüte (*Aconitum*) und Anemonen (*Anemone*), aber auch größere Funkien (*Hosta*) und viele Farne, etwa der Wurmfarn (*Dryopteris*), geben im Halbschatten unter Gehölzen den Ton an. Hohe Fingerhüte (*Digitalis*) setzen vertikale Akzente, und wer es exotischer mag (und Geduld hat), probiert den Schwarzen Germer (*Veratrum nigrum*). Seine dunkelweinroten Blütenstände erreichen eine Höhe von bis zu 1,2 m und thronen über dem sattgrünen Laub. Auch die Elfenraute (*Artemisia lactiflora*) wird je nach Sorte 1–1,8 m hoch. Die zarten Blüten dieser Staude erscheinen ab Juli und sind ein schöner Kontrast zu denen der Astern.

Begleitstauden

Die Blüten der Sterndolde (*Astrantia*), von der es weiße, rosa und weinrote Sorten

 Funkien (*Hosta*) mit blaugrauen Blättern werden von Schnecken seltener in MItleidenschaft gezogen als Sorten mit grünem oder gelbem Laub. Der Großblütige Fingerhut (*Digitalis grandiflora*) mit seinen weißgelben Blüten wird von den Nacktschleimern ohnehin komplett verschmäht.

» Mit Wiesen-Storchschnabel (*Geranium pratense*) und Zier-Lauch (*Allium*) kann man im Halbschatten nichts falsch machen. Im Hintergrund recken Sibirische Schwertlilien (*Iris sibirica*) ihre schlanken Blätter in die Höhe.

gibt, dürfen in keinem Halbschattenbeet fehlen. Sie eignen sich auch gut als Schnittblumen. Akeleien (*Aquilegia*) eignen sich für Beete, in denen sie sich auch versamen dürfen. Es ist faszinierend, wie schnell sich eine ganze Palette weiß, rosa, violett und blau blühender Pflanzen aus den Sämlingen entwickelt. Weitere Begleitstauden sind niedrigere Funkien, Farne, Kaukasusvergissmeinnicht (*Brunnera macrophylla*), Flockenblumen (*Centaurea*), die nicht nur in Wiesen gedeihen, und Purpurglöckchen (*Heuchera*).

Füllstauden & Bodendecker

Elfenblumen (*Epimedium*) haben gleich mehrere gute Eigenschaften: Die meisten sind immer- oder wintergrün, fangen das Herbstlaub auf und verhindern, dass

es vom Wind verweht wird. Außerdem haben sie hübsche weiß, rosa oder gelb gefärbte Blüten. Auch Storchschnäbel (*Geranium*) füllen die Lücken zwischen den Begleitstauden. Gundermann (*Glechoma hederacea*) und Pfennigkraut (*Lysimachia*

AUF EINEN BLICK

→ Unter Laubbäumen und -sträuchern, die im Winter ihre Blätter abwerfen, ist es zwar im Sommer trockener, da weniger Regen auf den Boden gelangt, aber im Herbst, Winter und Frühjahr feuchter.

→ Solche lichten Schattenplätze sind perfekte Standorte für frühlingsblühende Zwiebelblumen wie Schneeglöckchen, Winterlinge und Alpenveilchen.

→ Im Sommer sorgen der Storchschnabel und verschiedene andere Blütenstauden für Farbe und eine grüne Blätterdecke unter den Baumkronen.

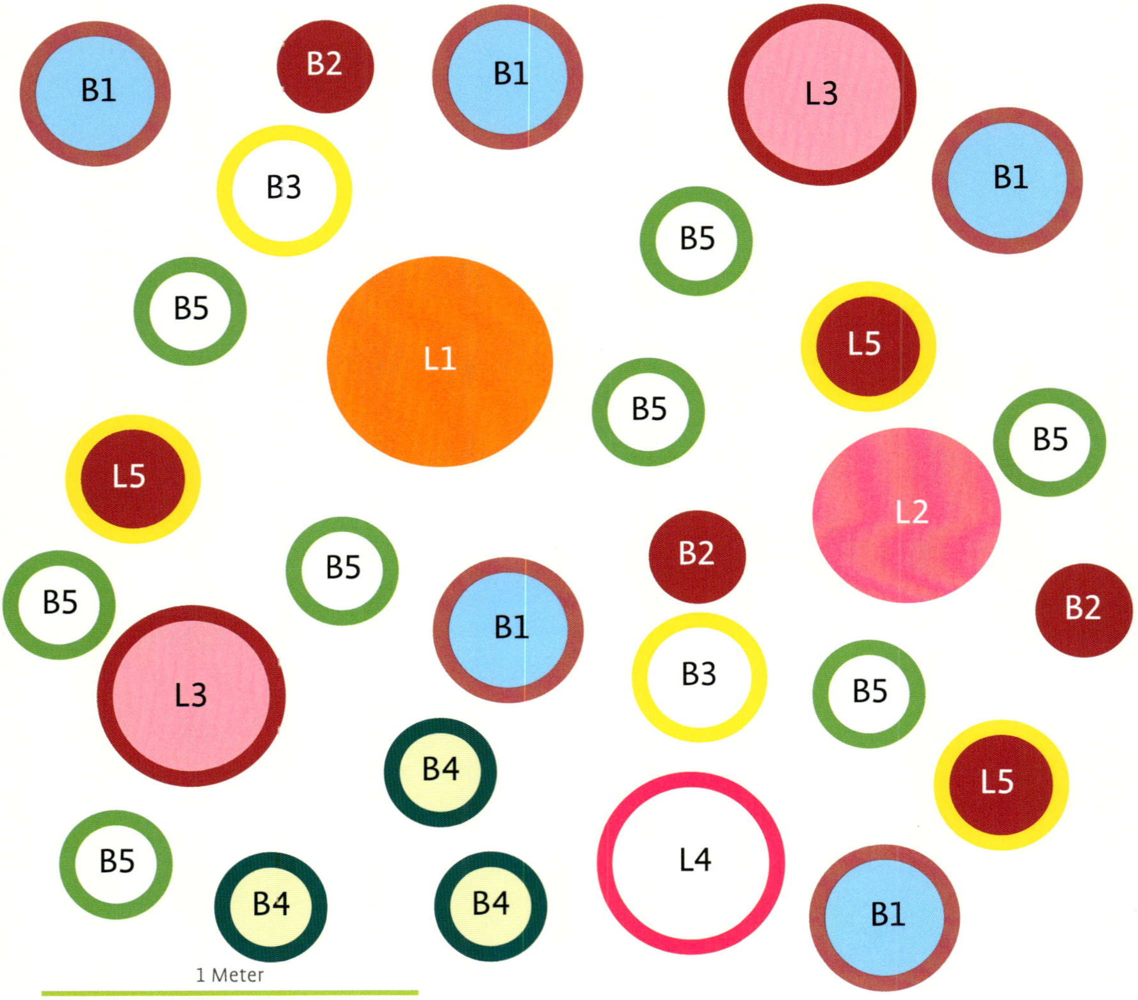

B1

B2

B1

L3

B3

B1

B5

B5

L1

L5

B5

L5

B5

B5

B5

L2

L5

B2

B5

B2

L3

B1

B3

B5

B4

L5

B5

L4

B4

B4

B1

1 Meter

» Pflanzenverteilung für ein Halbschattenbeet
unter Bäumen oder Sträuchern mit fünf verschiedenen Leitstauden (L1–L5) und fünf
Begleitstauden (B1–B5). Die Leit- und Begleitstauden werden in der Tabelle rechts
beschrieben.

Die Füllstauden und Bodendecker sowie
die Zwiebelblumen werden zwischen den Leit-
und Begleitstauden verteilt.

Staudenmischung „Farbensaum" für halbschattige, frischfeuchte Beete*

Name	Stück/ 10 m²	Besonderheiten	Alternativen/Variation
Leitstauden (Gerüstbildner)			
Aster ericoides 'Herbstmyrthe', Myrten-Aster (L1)	1	standfeste hohe Art, weiße, fein verzweigte Blütenstände im Herbst, sehr feines Laub	Aster ericoides 'Lovely' (rosa)
Aster ericoides 'Blue Wonder', Myrten-Aster (L2)	1	hellblaue Ergänzung zur vorigen Art	Aster pringlei 'Pink Star'
Aster macrophyllus, Großblättrige Aster (L3)	2	Sommerblüher in Violett, Selbstaussaat	Aster × herveyi 'Twilight'
Aster macrophyllus 'Albus' (L4)	1	Sommerblüher in Weiß, Selbstaussaat	
Centaurea dealbata 'Steenbergii', Kaukasus-Flockenblume (L5)	3	großblumige, intensiv rosa blühende Art	Centaurea hypoleuca 'John Coutts'
Begleitstauden			
Aquilegia vulgaris, Gewöhnliche Akelei (B1)	5	variable Art, blüht in verschiedenen Farben von Blau über Violett bis Rosa und Weiß	
Aster amellus 'Veilchenkönigin', Berg-Aster (B2)	3	kompakt, blüht blauviolett im Herbst; auf Sandböden A. sedifolius verwenden	Aster sedifolius 'Nanus'
Buphthalmum salicifolium 'Alpengold', Ochsenauge (B3)	3	Sommerblüher mit gelben Blüten	Buphthalmum salicifolium
Euphorbia epithymoides, Gold-Wolfsmilch (B4)	4	Hochblätter goldgelb; im Herbst oft rotbraun verfärbt, Samenstände rot	
Luzula nivea 'Schneehäschen', Schnee-Hainsimse (B5)	8	Blüten schneeweiß, versamt sich	Sesleria heufleriana
Füllstauden und Bodendecker			
Meconopsis cambrica, Wald-Scheinmohn	8	Langblüher mit gelben Blüten, erhält sich durch Selbstaussaat	
Alchemilla erythropoda, Karpaten-Frauenmantel	8	schwach wachsende, zwergige Art, ganze Pflanze dicht samtig behaart	Alchemilla epipsila
Anemone sylvestris, Hain-Anemone	7	Ausbreitung durch Wurzelsprosse, weiße Schalenblüten Mai bis Juni, Nachblüte September/Oktober	
Centaurea bella, Schöne Flockenblume	8	niedriger Teppich mit zartrosa Blüten im Sommer	
Geranium × magnificum, Pracht-Storchschnabel	5	dunkelviolette großblumige Art, horstiger Wuchs	Geranium renardii 'Philippe Vapelle'
Geranium sanguineum 'Album', Blut-Storchschnabel	7	feingliedriges Laub und weiße Blüten geben der Pflanzung eine duftige Note	
Geranium sanguineum, 'Apfelblüte' Blut-Storchschnabel	6	niedrige Sorte, Blüte hellrosa	
Zwiebelblumen			
Anemone blanda 'Blue Shades', Balkan-Windröschen	50	blauer Blütenteppich im April, in Tuffs zu drei bis fünf Pflanzen setzen	
Anemone blanda, 'White Splendour'	50	weiße Blüten im April, steril, lange Blütezeit; im Mai einziehend; in Tuffs zu drei bis fünf Pflanzen	Anemone nemorosa
Chionodoxa luciliae 'Blue Giant', Großer Schneeglanz	50	großblumige Art mit Fernwirkung	Chionodoxa luciliae 'Alba', weiß
Scilla mischtschenkoana, Kaukasischer Blaustern	50	sehr zeitig blühende, großblumige Art mit weißen bis zartblauen Blüten	

*) Veitshöchheimer Mischung

>> In mythischem Blauviolett funkeln die Blütenstände der Lilientraube (*Liriope muscari*) und bilden einen schönen Kontrast zu den im Herbst gelb gefärbten Blättern der Funkien (*Hosta*).

nummularia) kriechen mit ihren langen Trieben in jede verbliebene Lücke, decken den Boden ab und verhindern auf diese Weise, dass Unkräuter aufkommen. Vor allem Gundermann ist bei den Insekten als Nektarquelle sehr beliebt. Etwas exotischer ist die immergrüne Lilientraube (*Liriope*) mit ihren violetten Blütenkerzen, die ab August blüht. Aber auch niedrige Glockenblumen (*Campanula*) wachsen im Halbschatten gut.

Gräser

Halbschatten ist Seggenstandort: Morgenstern-Segge (*Carex grayi*), Japan-Segge (*C. morrowii*), Palmwedel-Segge (*C. muskingumensis*) und Hänge-Segge (*C. pendula*) gedeihen unter lichten Gehölzen optimal. Aber auch Plattährengras (*Chasmanthium latifolium*), Wald-Schmiele (*Deschampsia cespitosa*), das vielseitige Japan-Waldgras (*Hakonechloa macra*) und

>> Insektennahrung, Salatzutat, Würzkraut – der weiß blühende Bärlauch (*Allium ursinum*) ist so vielseitig, dass er in jedes Beet im Halbschatten gehört.

das Riesen-Pfeifengras (*Molinia caerulea*) sowie verschiedene Hainsimsen (*Luzula*) eignen sich.

Zwiebelblumen

Neben den üblichen Verdächtigen aus dem Sortiment der Frühlingsblüher darf Bärlauch (*Allium ursinum*) nicht fehlen. Er versamt sich leicht und breitet sich auch durch Brutzwiebelchen aus. Die jungen, zarten Blätter lassen sich vielseitig in der Küche verwenden. Vorsicht ist allerdings geboten, wenn auch (das giftige) Maiglöckchen (*Convallaria majalis*) im Garten wächst und beide Arten im Austrieb leicht verwechselt werden können.

Pflegetipp

Wenn Sie ein neues Halbschattenbeet anlegen und Bäume und Sträucher frisch pflanzen, ist es sinnvoll, den Boden mit einer gut 10 cm dicken Schicht aus Holzhackschnitzeln zu mulchen. Das Material müssen Sie nicht einmal einarbeiten, denn das erledigen Regenwürmer, Asseln und anderes Bodengetier für Sie. Rindenmulch ist weniger gut, Torf überhaupt nicht geeignet.

Tiere im Halbschatten

Angesichts der Fülle von Pflanzen, die in diesem Gartenbereich gedeihen, ist es auch kein Wunder, dass Halbschattenbeete wahre Hotspots für Tiere sind. Wildbienen, Hummeln, Schwebfliegen und Falter laben sich an Pollen und Nektar der Blüten, Vögel suchen im Laub nach Insekten, Würmern

und Käfern und auch viele Amphibien wie Erdkröten, Grasfrösche und Molche fühlen sich hier wohl. Sie lieben Rückzugsmöglichkeiten unter großen Steinen, Holzstämmen oder Ästen, die auch im Sommer feucht und kühl bleiben. Um das Bodenleben nicht zu stören, sollten die Beete nach dem Einwachsen nicht gehackt oder auf andere Weise bearbeitet werden. Besser ist es, mit Laub, Kompost und Holzhackschnitzeln zu mulchen.

Tipp

Wenn im Herbst Laub auf die Beete fällt, kann es fast immer liegen bleiben. Es bildet einen natürliche Schutz gegen Kälte und verrottet langsam zu Humus. Sehr große Blätter, etwa die von Platanen, Ahorn, Kastanie oder Walnuss, bilden bei langen Regenperioden eine dicke, undurchdringliche und pappig-nasse Schicht, unter der empfindliche Stauden und Gräser ersticken können. Daher ist es sinnvoll, diese Blätter zu entfernen und separat zu kompostieren.

In kühlen Senken & vor Mauern
halbschattig & feucht

Auf der Westseite von Mauern, Zäunen und Hecken ist der Boden feucht, und die Sonne scheint mindestens einen halben Tag lang auf die Pflanzen.

Feuchte, ha bschattige oder absonnige Standorte findet man in der Natur an nach Westen oder Nordwesten ausgerichteten Waldrändern oder Hängen unter Laubbäumen. Auch feuchte Senken oder die Ufer von Bachläufen, die von Bäumen gesäumt sind, bieten Inspiration für Bepflanzungsmöglichkeiten im Garten. Im Prinzip gedeihen hier alle Pflanzen, die im vorigen Kapitel beschrieben worden sind.

Leitstauden

Feuchter Halbschatten ist das Reich der großen Farne. Der Straußfarn (*Matteuccia struthiopteris*) bildet Ausläufer und kann auch größere Flächen bedecken. Allerdings ist er im Gegensatz zu den prächtigen Vertretern der Gattung *Dryopteris* nicht wintergrün. Bei den Großstauden sind Engelwurz (*Angelica sylvestris*) und der Wasserdost (*Eutrochium fistulosum*) geeignet, von dem es weiß und rosa blühende Sorten gibt. Ebenso zu empfehlen sind die bis 2 m hohe Riesen-Spierstaude (*Filipendula camtschatica*), die Rosa Spierstaude (*Filipendula rubra* 'Venusta'), Goldkolben (*Ligularia*), die leider etwas schneckenanfällig sind, hohe Wiesenrauten (*Thalictrum*) und die verschiedenen Sorten des Kandelaber-Ehrenpreises (*Veronicastrum virginicum*).

Begleitstauden

Herbst-Anemonen lassen sich mit zahlreichen Stauden, Gehölzen oder Gräsern kombinieren. Auch Silberkerzen (*Cimicifuga*), Prachtspieren (*Astilbe*) und Funkien (*Hosta*) bieten sich als Begleiter an. Durch den

» Die zartgrünen Wedel des Straußfarns (*Matteuccia struthiopteris*) werden über einen Meter lang. Unter ihnen gedeihen im feuchten Halbschatten Polster-Glockenblumen (*Campanula poscharskyana*).

» Herbst-Anemonen (*Anemone hupehensis*), hier die Sorte 'Ouvertüre' blühen ab August bis in den Oktober hinein. das Japanisches Waldgras (*Hakonechloa macra*) im Hintergrund färbt das grüne Laub dann ab November ins Orangebräunliche um.

Klimawandel gedeihen die vielen Sorten der Hohen Flammenblume (*Phlox paniculata*) an vollsonnigen Standorten nicht mehr so gut, da sie dort unter der Hitze leiden. Im lichten Schatten und bei ausreichender Bodenfeuchtigkeit können sie aber weiterhin ihre ganze Schönheit entfalten. Weitere feuchtigkeitsliebende Stauden, die im Halbschatten gedeihen, sind die Sumpf-Wolfsmilch (*Euphorbia palustris*), die verschiedenen Felberiche (*Lysimachia*) und der Blut-Weiderich (*Lythrum salicaria*). Dieses Allroundtalent hat eine breite Standortamplitude, wächst also auf trockenen bis feuchten und sonnigen bis halbschattigen Standorten. Es gibt Sorten mit weißen, rosafarbenen und purpurvioletten Blüten. Ähnlich groß ist die Farbvielfalt bei den verschiedenen Kerzen- (*Bistorta amplexicaulis*) und den Schlangen-Knöterichen

(*Bistorta officinalis*). Die verschiedenen Sorten der Wiesenknöpfe (*Sanguisorba*) mit ihren weißen, rosafarbenen oder purpurnen Blütenständen werden recht hoch und könnten auch als Leitstauden durchgehen. Da sie aber bei nahrhaftem Boden zum Umkippen neigen, sind sie als Begleiter neben anderen Großstauden besser aufgehoben, an die sie sich anlehnen können.

AUF EINEN BLICK

→ Standorte vor Zäunen, Hecken oder Mauern, die nach Westen zeigen und dadurch viel Regen abbekommen, sind meist das ganze Jahr über feuchter.

→ Die Auswahl an Stauden, Farnen und Gräsern ist groß, und viele Arten, die auch an sonnigeren oder schattigeren Plätzen im Garten wachsen, fühlen sich hier wohl.

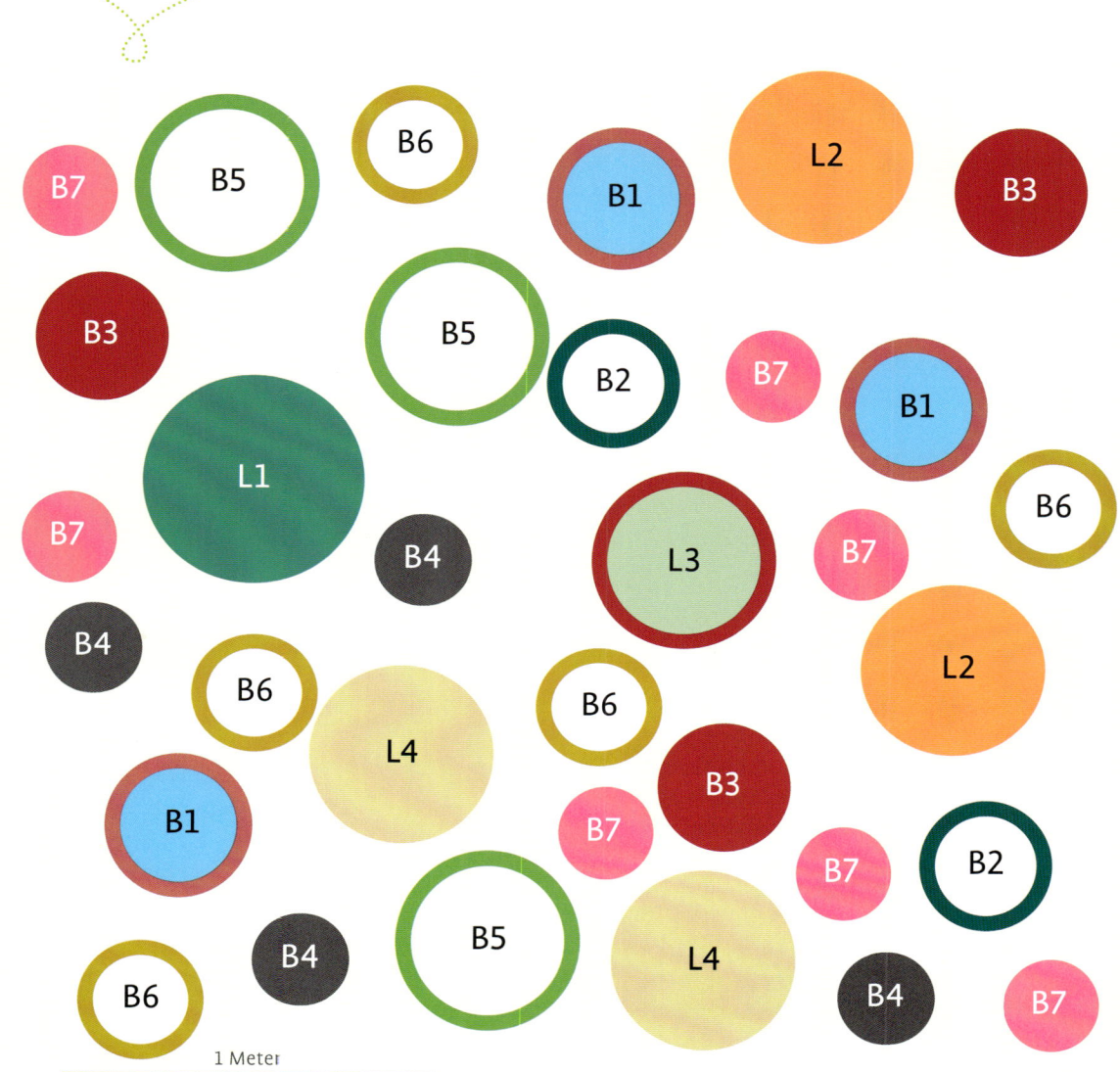

1 Meter

» Pflanzenverteilung für ein Halbschattenbeet
mit feuchtem Boden mit vier verschiedenen
Leitstauden (L1–L4) und sieben Begleitstauden (B1–B7). Die Leit- und Begleitstauden werden in der Tabelle rechts beschrieben.

Die Füllstauden und Bodendecker sowie
die Zwiebelblumen werden zwischen den
Leit- und Begleitstauden verteilt.

Staudenmischung „Schattenglanz" für halbschattige, frisch-feuchte Standorte*

Name	Stück/ 10 m²	Besonderheiten	Alternativen/Variation
Leitstauden (Gerüstbildner)			
Carex pendula Riesen-Segge (L1)	1	Horste mit überneigenden Blütenhalmen, wintergrün, versamt sich oft stark	*Molinia arundinacea* 'Karl Foerster' oder *Iris foetidissima* (für wintermilde Gebiete)
Helleborus argutifolius Korsische Nieswurz (L2)	2	immergrün; Blüte hellgrün, in milden Wintern ab Ende Februar	*Helleborus foetidus*
Hosta ventricosa Glocken-Funkie (L3)	1	glänzend grüne, herzförmige Blätter, blauviolette, glockenförmige Blüten im Sommer	*Hosta* 'Devon Green' oder *Hosta* 'Blue Angel'
Polystichum aculeatum Dorniger Schildfarn (L4)	2	im Austrieb hellgrün, danach dunkelgrüne, glänzende Wedel, wintergrün	*Dryopteris erythrosora* (für wintermilde Gebiete), 1 *Dryopteris affinis*
Begleitstauden			
Arum italicum 'Marmoratum' (Syn. 'Pictum') Italienischer Aronstab (B1)	3	Laub glänzend dunkelgrün mit cremeweißer Marmorierung, Laubaustrieb im Herbst, zieht im Sommer ein, auffälliger, orangeroter Fruchtschmuck, giftig	
Asplenium scolopendrium Hirschzungenfarn (B2)	2	zungenförmige, hellgrüne, ledrige Wedel, wintergrün, verträgt Kalk	
Bergenia 'Beethoven' Bergenie (B3)	3	großblättrig, glänzend, immergrün, Blüte im Frühling, fast reinweiß	*Bergenia* 'Schneekönigin' (weiß)
Brunnera macrophylla 'Jack Frost' Kaukasusvergissmeinnicht (B4)	5	silbrigweiße Blätter mit grünen Adern, hellblauer Spätfrühlingsblüher	*Brunnera macrophylla* 'Langtrees' oder 'Silver Lace'
Carex oshimensis 'Evergold' (B5)	3	sehr fein belaubte, gelb-grün gestreifte Segge, immergrün	*Carex oshimensis* 'J. S. Greenwell' (grünes Laub)
Hosta lancifolia Lanzenblatt-Funkie (B6)	5	dunkelgrüne, glänzende Blätter, blauviolette Blüten im Spätsommer, schneckengefährdet	*Hosta* 'Harry van Trier' (wenig schneckengefährdet)
Liriope muscari 'Ingwersen' Horstbildende Liriope (B7)	6	dunkelgrüne, grasartige Blätter, wintergrün, dunkelviolette Blütenrispen im Herbst	*Liriope muscari* 'Big Blue' (bildet kurze Ausläufer)
Füllpflanzen und Bodendecker			
Euphorbia amygdaloides 'Purpurea' Mandelblättrige Wolfsmilch	3	dekoratives rotes Laub: wintergrün, gelbgrüner Frühjahrsblüher, kurzlebig, versamt in Lücken	*Euphorbia amygdaloides* subsp. *robbiae* mit grünen Blüten
Vinca minor 'Marie' Kleines Immergrün	35	Feintexturiertes, glänzendes Laub, immergrün, blaue Blüte im Frühling, großblütig, kompakter Wuchs, schwachwüchsig,	*Vinca minor* 'Gertrude Jekyll' (weiße Blüte) oder *Waldsteinia ternata*
Zwiebelblumen			
Anemone blanda 'White Splendour' Balkan-Windröschen	100	leuchtend weiße Blütensterne im April	*Anemone blanda* 'Blue Shades' (blau)
Hyacinthoides hispanica 'White Triumphator' Spanisches Hasenglöckchen	500	Spätfrühlingsblüher mit weißen Blüten, glänzend grünes Laub	*Hyacinthoides hispanica* (blau)

*) AK Pflanzenverwendung im BdS

» Viele „Sonnenstauden" fühlen sich angesichts der heißen Sommer auch im Halbschatten wohl: Hier blühen rosa Sterndolden (*Astrantia*) mit Kugel-Lauch (*Allium*) und Katzenminze (*Nepeta*).

Rosen-Primel (*P. rosea*). Als Bodendecker eignen sich das Lungenkraut (*Pulmonaria*) mit seinem silbrig gefleckten Laub und rosa oder blauen Blüten und die einjährige Kuhblume (*Nemophila maculata*), die zarte weiße Blüten mit einem violetten Klecks auf den äußeren Blütenblättern aufweist.

Gehölze

Wo der Boden unter Bäumen feucht genug ist, können zusätzlich kleinere Ziersträucher gepflanzt werden, die ganzjährig für Struktur im Beet sorgen. Besonders schön sind der Eisenhutblättrige Japan-Ahorn (*Acer japonicum* 'Aconitifolium') für sauren und die Korkspindel (*Euonymus alatus*) oder das heimische Pfaffenhütchen (*Euonymus europaeus*) für normalen Gartenboden. Auch der japanische Fächer-Ahorn (*Acer palmatum*) gedeiht fast überall, wo der Boden nicht austrocknet.

Füllstauden

Primeln (*Primula*) stehen ganz oben auf der Liste der Füllstauden, die im Frühjahr und Frühsommer die Lücken zwischen den größeren Stauden schließen, bis diese ganz ausgetrieben haben und den Boden bedecken. Neben den heimischen gelb blühenden Schlüsselblumen (*Primula elatior* und *P. acaulis*) sowie der Frühlings-Primel (*P. veris*) gibt es auch weiß und rosa blühende Sorten der Etagen-Primel (*P. japonica*) oder die großblütige, rosa blühende

Gräser

Wo der Standort lichtschattig ist, gedeihen die Wald-Schmiele (*Deschampsia cespitosa*) und das Japan-Waldgras (*Hakonechloa macra*) sowie verschiedene Pfeifengräser (*Molinia*), Hainsimsen (*Luzula*) und das Plattährengras (*Chasmanthium latifolium*). Die größte Vielfalt an Gräsern für den Halbschatten findet man bei den Seggen (*Carex*). Breitblatt-Segge (*C. plantaginea*), Vogelfuß-Segge (*C. ornithopoda*), Palmwedel-Segge (*C. muskingumensis*) und Berg-Segge (*C. montana*) sind nur einige Beispiele.

» Unermüdlich durchstöbert das Rotkehlchen die Laub- und Moosschicht im Halbschatten.

Zwiebelblumen

Schneeglöckchen (*Galanthus*), Busch-Windröschen (*Anemone nemorosa*) und die verwandten Balkan-Windröschen (*A. blanda*) sind mit Hyazinthen (*Hyacinthus*) und Hasenglöckchen (*Hyacinthoides*) die ersten Blüher im Gartenjahr. Wer Gelb bevorzugt, pflanzt Winterlinge (*Eranthis*) und das Gelbe Windröschen (*Anemone ranunculoides*).

Pflegetipps

Das Laub großer Stauden sollte im Herbst entfernt werden, da es sonst kleine Frühlingsblüher ersticken kann. Es kann jedoch einfach kompostiert werden und kommt im Laufe des Sommers als Mulch wieder aufs Beet. Bitte arbeiten Sie es nicht ein – das übernehmen Regenwürmer und andere Tiere für Sie. Das Herbstlaub sollten Sie aber auf jeden Fall auf den Beeten liegen lassen.

Laubstöberer

In der Laubschicht zwischen den Pflanzen ist immer etwas los. Rotkehlchen und Amseln suchen hier nach Insekten und Würmern. Mäuse, Igel und Spitzmäuse halten sich hier auf, aber auch kleine Fleischfresser wie Maus- oder Zwergwiesel gehen hier auf die Jagd nach Mäusen und anderem Getier.

Tipp

Spätestens ab September, besser noch das ganze Jahr über, sollten Gartenvögel gefüttert werden. Sie sind auf Unterstützung angewiesen, denn in einer einzigen Frostnacht können sie bis zu 20 % ihres Körpergewichts verlieren. Die Futterstelle sollte so angelegt sein, dass sich in der Nähe keine Verstecke für Katzen befinden. Je mehr unterschiedliche Futtermittel Sie anbieten, desto größer wird die Artenvielfalt an gefiederten Gartenbesuchern sein. Nicht vergessen: eine Vogeltränke!

Was kreucht und fleucht in halbschattigen Beeten?

Mal sonnig, mal schattig, aber nie extrem. In solch angenehmer Umgebung fühlen sich viele Tiere wohl und bereichern den Garten.

>> Erdkröten kommen nur zum Laichen in den Teich und leben den Rest des Jahres in feuchten, schattigen Gartenbereichen.

Kröten & Frösche

Erdkröten (*Bufo bufo*) sind dämmerungsaktiv und verstecken sich tagsüber unter Steinen, in Trockenmauern, Totholzhaufen, unter dicken Laubschichten oder im Gebüsch. Im Vergleich zu anderen Amphibien kommen sie auch in trockeneren Lebensräumen vor. Im Februar/März laichen sie in Teichen und Weihern und ziehen sich danach in die halbschattigen Beete zurück. Erdkröten fressen Insekten wie Käfer, Würmer und Schnecken sowie deren Eier.

Während **Teich- und Wasserfrösche** fast ihr ganzes Leben an und in Gewässern verbringen, sind **Grasfrösche** (*Rana temporaria*) eher Landgänger, die nur zum Laichen ins Wasser gehen. Sie bevorzugen etwas feuchtere Habitate als die Erdkröten und gehen wie diese nachts und in der Dämmerung auf die Jagd nach Insekten, Asseln, Würmern und Nacktschnecken. Auch sie brauchen wie die Erdkröte feuchte Verstecke, in denen sie tagsüber schlafen.

Benjeshecken

Kein Tier, aber der Lebensraum für eine Vielzahl an Arten sind sogenannte Benjes- oder Totholzhecken. Sie werden durch Aufhäufen von dünnen Ästen, Gehölzschnitt und Zweigen angelegt. Benjeshecken bieten Vögeln und vielen anderen Tieren Unterschlupf und Nahrung. In den Zwischenräumen der Totholzhecke können Schattenstauden und kleine Gehölze keimen und sich ungestört entwickeln. Gleichzeitig leben viele Insekten, Spinnen

und anderes Getier in und auf den toten Zweigen. Die Hecken werden auch von Heckenbrütern wie **Rotkehlchen** und **Amseln** als Nistplatz genutzt.

Benjeshecken sind auch geeignet, um Gärten abzugrenzen, die an Felder, Wiesen oder einen Waldrand reichen, und eine Barriere zu schaffen, die für Tiere durchlässig ist, aber unerwünschte Besucher fernhält. Wenn in der Breite nicht genug Platz vorhanden ist, um das Totholz einfach zu stapeln, können die Zweige auch zwischen nebeneinander in den Boden geschlagenen Pflöcken aufgeschichtet werden. Wenn man sie dann noch miteinander verflicht, entsteht ein dichtes Gestrüpp. Junge Sträucher können ungestört wachsen und verwandeln die Totholzhecke nach und nach in eine lebende, grüne Hecke.

» Benjeshecken und Totholzhaufen bieten vielen Tieren Unterschlupf, Nahrung und Brutmöglichkeiten.

Raupenkindergarten

Halbschattige Ecken im Garten sind ideal, um an versteckten Stellen Raupenfutterpflanzen zu pflanzen. Brennnesseln mögen an manchen Stellen im Garten eher lästig sein, aber sie sind unentbehrlich für die Raupen von **Tagpfauenauge**, **Distelfalter**, **Kleiner Fuchs**, **Admiral** und **Landkärtchen**. Aber auch Nachtfalter wie **Achateule**, **Brauner Bär**, **Gammaeule**, **Hausmutter**, **Messingeule** und **Russischer Bär** brauchen dieses „Unkraut", um sich fortzupflanzen.

» Die schwarzen Raupen des Tagpfauenauges ernähren sich von Brennnesselblättern.

Noch mehr Tiere im Halbschatten

➡ Igel und Spitzmäuse durchstöbern die Beete auf der Suche nach Insekten, Würmern und Schneckeneiern.

➡ Vögel wie Rotkehlchen oder Amseln nutzen die Beete als Deckung und suchen nach Nahrung.

➡ Käfer gehen zwischen Stauden und Gräsern auf die Jagd.

SCHATTIGE BEETE

Der Schatten ist das Reich der Farne, Seggen und Waldstauden, die mit wenig Licht auskommen. Es muss also nicht immer Efeu sein. In Laub und Humus tummeln sich nützliche Insekten.

Unter Nadelbäumen & vor Mauern
schattig & trocken

Selbst im dunklen Schatten und auf staubig trockenen Böden gedeihen überraschend viele Pflanzen.

Die Auswahl an Pflanzen für den Schatten scheint auf den ersten Blick kleiner zu sein als die für sonnige und halbschattige Standorte. Sie ist aber immer noch überraschend groß. Zwar gibt es nicht so viele Pflanzen mit gelben oder roten Blüten, doch trotzdem lässt die Fülle an geeigneten Farben, Formen und Größen keine Wünsche offen. Typisch für Pflanzen, die im Schatten gedeihen, sind Blüten in den Farben Weiß, Rosa und Blau.

Gerade trockener Schatten gilt als undankbar zu bepflanzen, und die Gewächse, die unter Nadelbäumen und vor Mauern oder Dachtraufen gedeihen, gehören zu den Helden unter den Gartenpflanzen.

Leitstauden

Ein Klassiker unter den Schattenstauden, die auch mit weniger Feuchtigkeit zurechtkommen, ist der Geißbart (*Aruncus*), der sich als Solitär oder zur Hintergrundbepflanzung eignet. Auch die Hänge-Segge (*Carex pendula*) darf als Allroundtalent nicht fehlen. Für Blütenpracht sorgen hohe Anemonen wie die Herbst-Anemone (*Anemone × hupehensis*) oder die Japan-

>> Die Weiße Wald-Aster (*Aster divaricatus*) wächst auch noch dort, wo viele andere Pflanzen versagen. Hier ist sie mit einer rosafarbenen Herbst-Anemone (*Anemone hupehensis*) kombiniert worden.

» Üppige Staudenpracht im trockenen Schatten: Blauroter Steinsame (*Lithospermum purpuro-caeruleum*, Syn. *Buglossoides purpurocaerulea*, *Aegonychon purpurocaeruleum*), Salomonssiegel (*Polygonatum*) und Großblütige Taubnessel (*Lamium orvala*).

Anemone (*A. japonica*). Von beiden gibt es Sorten mit weißen oder rosa Blüten. Blau oder weiß blüht die Nessel-Glockenblume (*Campanula trachelium*), weiß die Weiße Sommer-Waldaster (*Aster divaricatus*). Die Sorte 'Tradescant' hat attraktive dunkle Stängel und Triebe, die sich vom dunkelgrünen Laub abheben. Wer es ganz imposant mag (und den Platz hat), kann sich einen Balkan-Bärenklau (*Acanthus hungaricus*) in den Garten holen.

Bei den Farnen kommt der Wurmfarn (*Dryopteris filix-mas*) mit überraschend wenig Bodenfeuchtigkeit zurecht und wächst daher auch an Plätzen, wo man keine Farne erwarten würde.

Begleitstauden

Unkompliziert und unverwüstlich sind Bergenien (*Bergenia*), die im Frühling ihre wei-

ßen, rosa oder pinkfarbenen Blüten öffnen. Das immergrüne Laub färbt sich bei vielen Sorten im Herbst rötlich. Blaue Blüten hat der Steinsame (*Lithospermum*). Beinahe exotisch kommt das Zweiblütige Schatten-blümchen (*Maianthemum bifolium*) mit seinen weißen Blüten daher.

AUF EINEN BLICK

→ Trockener Schatten findet sich unter Nadelbäumen, die wenig Regen durch die Kronen lassen und auch im Winter Schnee und Feuchtigkeit zurückhalten.

→ Auch unter Dachtraufen und Balkonen oder vor Mauern auf der Ostseite, wo wenig Regen hingelangt, bleibt der Boden dauerhaft trocken – so trocken, dass ohne Bewässerung oft nichts wächst.

→ Stauden und andere Gartenpflanzen, die im trockenen Schatten wachsen, brauchen oft ein paar Jahre mehr, um richtig einzuwachsen und sich zu etablieren.

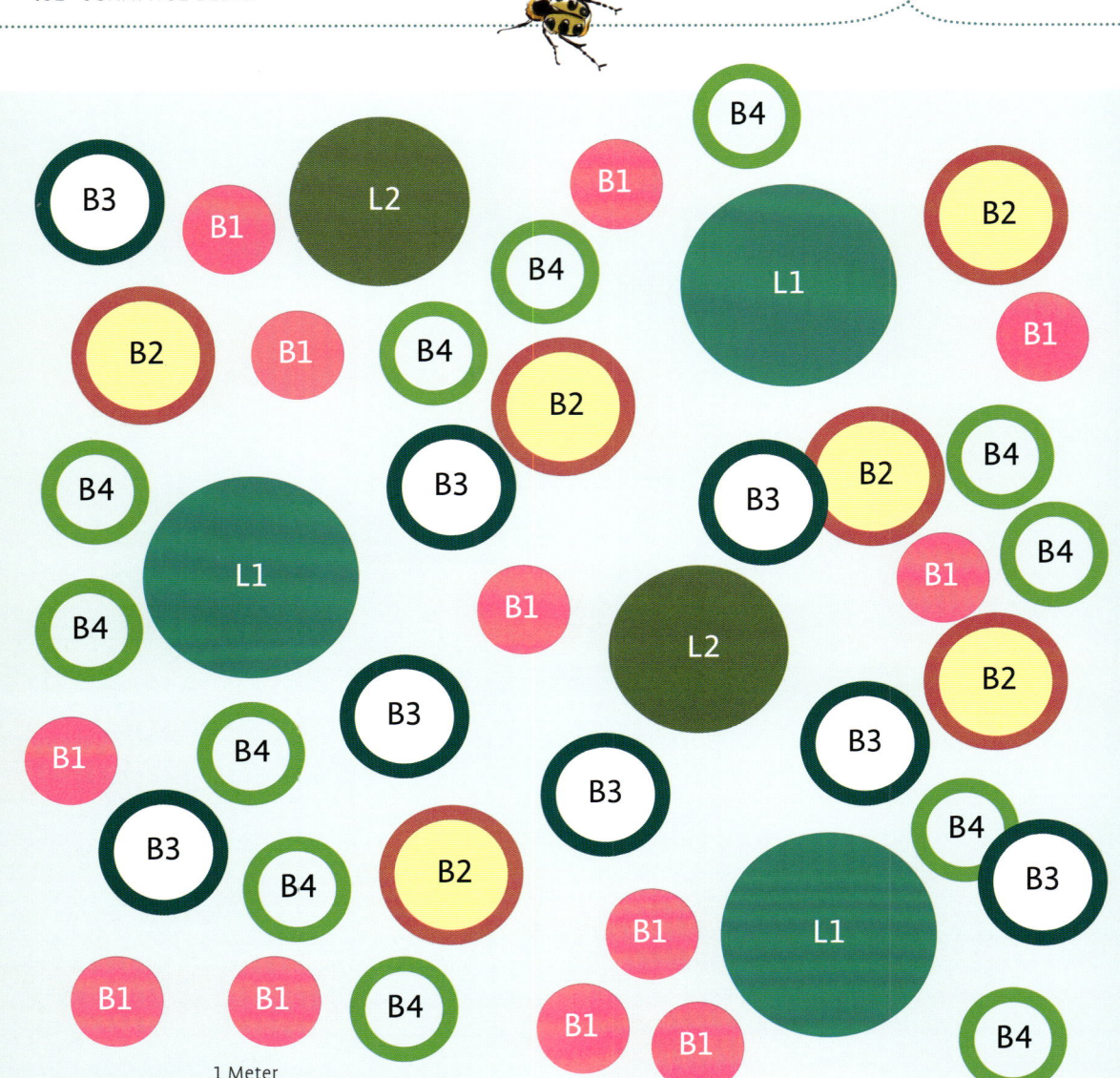

1 Meter

» Pflanzenverteilung für ein trockenes
Schattenbeet mit zwei verschiedenen
Leitstauden (L1–L2) und vier Begleitstauden
und Bodendeckern (B1–B4). Die Leit- und
Begleitstauden werden in der Tabelle rechts
beschrieben.

Die Bodendecker und Zwiebelblumen
werden zwischen den Leit- und Begleitstauden verteilt.

Staudenmischung „Licht & Leicht" für schattige, trockene Standorte*

Name	Stück/ 10 m²	Besonderheiten	Alternativen/Variation
Leitstauden (Gerüstbildner)			
Aruncus 'Horatio', Geißbart (L1)	3	schön geschlitztes Laub, farbiger Austrieb im Frühjahr, cremeweiße Blüte im Sommer	*Aruncus sinensis* 'Zweiweltenkind'
Dryopteris filix-mas, Wurmfarn (L2)	3	attraktiver Austrieb im Frühling, heimische Wildstaude	*Polystichum aculeatum*
Begleitstauden und Bodendecker			
Epimedium × rubrum, Elfenblume (B1)	15	im Austrieb und im Winter bronzefarbenes Laub, Blüte im April in Rot mit Weiß	andere Elfenblumen
Helleborus foetidus, Palmblatt-Schneerose (B2)	7	frühe Blüte (ab Januar) in Hellgrün, immergrün, kurzlebig, versamt	
Heuchera villosa var. *macrorrhiza*, Zottiges Silberglöckchen (B3)	9	cremeweiße, glöckchenförmige Blüten im September, meist wintergrün	andere *Heuchera*-Arten und -Sorten
Luzula nivea, Schneeweiße Hainsimse (B4)	12	auffällige weiße Blütenstände im Frühsommer, immergrün	*Luzula pilosa* 'Igel'
Waldsteinia geoides, Horstige Ungarwurz, Waldsteinie	40	gelbe Blüte im April, 20 cm, wintergrün	Wald-Erdbeeren
Zwiebelblumen			
Crocus tommasinianus, Elfenkrokus	150	Frühblüher (Februar/März)	
Hyacinthoides hispanica 'White Triumphator', Spanisches Hasenglöckchen	50	im späten Frühjahr weiß blühend, wüchsig	*Hyacinthoides hispanica* (blau)
Scilla mischtschenkoana, Kaukasischer Blaustern	100	Frühblüher (März/April), bläulich weiß, verwildert	
Scilla siberica, Sibirischer Blaustern	100	Frühblüher (März/April) in leuchtendem Blau, wüchsig, verwildert	
Weitere Stauden und Gräser, die trockenen Schatten vertragen			
Digitalis parviflora, Kleinblütiger Fingerhut	8	wintergrüne Rosette, rostfarbige Blütenstände, sehr langlebig, ausdauernde Art trocken-steiniger Gehölzränder, bildet schöne, große Horste	
Digitalis lutea, Gelber Fingerhut	8	wintergrüne Rosette, hellgelbe Blüte im Frühsommer	*Digitalis grandiflora*
Sesleria autumnalis, Herbst-Kopfgras	8	frisch hellgrünes, halbwintergrünes Blaugras, sehr ausdauernd, eher langsamwüchsig	
Aster sedifolius, Graublättrige Aster	5	hellvioletter Blühaspekt im Juli/August, reichblühend	*Aster sedifolius* 'Nanus', *Aster pyrenaeus* 'Lutetia'
Geranium-sanguineum-Hybride 'Khan', Blut-Storchschnabel	5	magenta- bis rosafarbene Blüten, lange blühend (Mai bis September)	*Geranium-sanguineum*-Hybride 'Tiny Monster'
Geranium × cantabrigiense 'St. Ola', Cambridge-Storchschnabel	24	Blüte weiß, rosa Kelche, großblütig, Laub färbt im Herbst orangegelb	*Geranium × cantabrigiense* 'Biokovo'
Potentilla alba, Weißes Fingerkraut	18	weiße, erdbeerähnliche Blüten, verträglicher Bodendecker	

*) AK Pflanzenverwendung im BdS

» Sorgt für hellgrüne Lichtblicke im dunklen Efeu: der Wurmfarn (*Dryopteris filix-mas*).

Füllstauden & Bodendecker

Unverwüstlich ist der Kleine Kaukasus-Bein-well (*Symphytum grandiflorum*). Besonders die cremeweiß blühende Form ist für den Schatten geeignet. Auch Elfenblumen (*Epi-medium*), Goldnesseln (*Lamium galeobdo-*

Tipp

Efeu ist ein unverwüstlicher Bodendecker, der in den letzten Jahren durch den Klima-wandel profitiert hat. Er übersteht ohne Probleme auch längere Trockenperioden und große Hitze, was vielen Schattenpflan-zen das Leben schwer macht. Wo vermeint-lich mehr wächst, ist Efeu eine gute Wahl. Angesichts der Sortenvielfalt von mehreren Hundert Formen bleibt da kein Wunsch offen. Die gelb und weiß panaschierten Sorten sorgen mit ihrem hellen Laub für Lichtblicke im Schatten.

lon), die von Hummeln geliebt werden, und das Kaukasusvergissmeinnicht (*Brunnera macrophylla*) mit der silberlaubigen Sorte 'Jack Frost' blühen im Schatten. Neben blauviolett blühendem Kriechendem Günsel (*Ajuga reptans*) und weiß oder rosa blühen-den Storchschnäbeln (*Geranium*) leuchten gelbe Gämswurze (*Doronicum*), die sich durch Ausläufer verbreiten – hier durchaus erwünscht. Ein immergrüner Klassiker ist die Waldsteinie (*Waldsteinia*), die wie die Wald-Erdbeere (*Fragaria vesca*) jedoch keine längere Laubabdeckung verträgt.

Gräser

Die Schatten-Segge (*Carex umbrosa*) und die Pilzkopf-Segge (*C.-digitata*-Hybride 'The Beatles') bedecken auch größere Flächen mit ihren schmalen Halmen. Die Schneeweiße Hainsimse (*Luzula nivea*) hat zarte, weiße Blütenstände.

Zwiebelblumen

Völlig unbeeindruckt von seltener Feuchtigkeit wachsen und gedeihen Aronstab (*Arum maculatum*) und verschiedene Alpenveilchen (*Cyclamen coum* und *C. hederifolium*) im trockenen Schatten. Auch Knollenpflanzen wie der Gelbe Lerchensporn (*Pseudofumaria lutea*, Syn. *Corydalis lutea*), Maiglöckchen (*Convallaria majalis*) und Buschwindröschen (*Anemone nemorosa*) nutzen die kurze feuchte Phase im Frühjahr zum Blühen und ziehen sich dann wieder in den Boden zurück.

>> Der Blauviolette Waldlaufkäfer (*Carabus problematicus*) bevorzugt trockenere Stellen und jagt Schnecken und Würmer.

Pflegetipps

Schattenbeete brauchen in der Regel wenig Pflege. Besonders nach dem Anpflanzen ist es jedoch wichtig, die Stauden und Gräser gründlich anzugießen und darauf zu achten, dass sie in den ersten Monaten nicht austrocknen. Allerdings sollten die Pflanzen auch bei warmen Sommertemperaturen höchstens einmal pro Woche gegossen werden, dann aber richtig ordentlich und gründlich. Als Faustregel gilt: zwei 15-l-Kannen pro Quadratmeter. Eine Mulchschicht aus Laub oder einer MIschung aus Kompost und Holzhackschnitzeln verhindert, dass die Feuchtigkeit aus dem Boden verdunstet. Sie regt gleichzeitig das Bodenleben an.

Laufkäfer, Asseln, Tausendfüßer

Die meisten Laufkäfer und ihre Larven leben räuberisch und fressen Schnecken, Springschwänze, Ameisen und anderes Getier. Man kann also nicht genug im Garten haben. Wie der Name vermuten lässt, sind sie gut zu Fuß und können in einer Nacht an die 70–80 m weit auf Beutezug gehen, etwa im Gemüsegarten, wo sie

Schnecken erlegen. Grund genug, ihnen im Schattengarten mit lockerem Laub und Asthaufen einen komfortablen Lebensraum anzubieten. Im lockeren, trockenen Laub leben auch zahllose andere kleine Tiere wie Asseln, Tausendfüßer, Springschwänze, Käfer, Ameisen und viele mehr, die alle ihren Beitrag zu einem gesunden Boden und damit gesunden Pflanzen leisten.

WAS TUN, WENN?

Rötelmäuse im Garten vorkommen?

➡ Wenn Sie in einer Region leben, in der Rötelmäuse vorkommen und das Hantavirus verbreitet ist, sollten sie bei allen Gartenarbeiten, bei denen Sie mit trockenem Laub, Kompost oder anderem Material in Berührung kommen, eine Staubschutzmaske tragen, um eine Übertragung des Hantavirus durch Mäusekot und -urin zu verhindern. Weitere Infos unter www.rki.de.

Unter großen Bäumen

schattig & mäßig feucht

Farne, Blattschmuckstauden oder Bodendecker? Die Auswahl an geeigneten Arten ist groß.

Für die Bepflanzung schattiger Stellen im Garten gibt es eine Vielzahl an Gewächsen. Allerdings ist die Auswahl an blühenden Stauden nicht ganz so groß wie die für sonnige oder halbschattige Plätze. Dieses „Manko" können Sie aber leicht mit Blattschmuckstauden ausgleichen, die für eine großartige Vielfalt im Garten sorgen. Hinzu kommen Arten mit bunten Blättern, die zusätzlich für Abwechslung sorgen.

Leitstauden

Unter den Blattschmuckstauden gibt es etliche, die es in Bezug auf die Wuchshöhe durchaus mit kleinen Sträuchern aufnehmen können. Dazu gehören die Schaublätter (*Rodgersia*) mit ihrem kastanienartigen Laub, der Wald-Geißbart (*Aruncus*) und das Tafelblatt (*Astilboides tabularis*) mit seinen großen, runden Blatttellern. Auch die größeren Astilben und hohe Anemonen wie die Herbst-Anemone (*Anemone japonica*) fühlen sich im Schatten unter Bäumen wohl. Beinahe unverwüstlich sind Akeleien (*Aquilegia*). Für schattige Gartenplätze eignen sich besonders Sorten mit weißen, hellblauen oder hellrosa Blüten, die Licht in dunkle Gartenecken bringen.

Dschungelatmosphäre kommt mit großblättrigen Funkien (*Hosta*) auf. Sorten mit bläulichem Laub wie 'Blue Angel', 'Halcyon' oder 'Bressingham Blue' sind besonders attraktiv. Auch unter den Farnen gibt es etliche Arten, die durch ihre Größe die Rolle eines Hauptdarstellers im Beet einnehmen können. Wurmfarn (*Dryopteris*) und Schildfarn (*Polystichum*) erreichen durchaus eine Höhe und einen Durchmesser von 1 m oder sogar mehr. Seit einigen Jahren werden auch Taschen- oder Baumfarne (*Dicksonia*)

>> Der Hirschzungenfarn (*Asplenium scolopendrium*, Syn. *Phyllitis scolopendrium*) wächst auf kalkhaltigen Böden im tiefen Schatten.

>> Die weißen Blüten des Wald-Geißbarts (*Aruncus dioicus*) bringen Licht in dunkle Gartenecken. Dieser Geißbart ist wie der Wurmfarn (*Dryopteris*) als Unterpflanzung von Gehölzen wie der Hänge-Birke (*Betula pendula*) geeignet.

angebotenen, die aber entgegen vieler anderer Aussagen nicht überall zuverlässig winterhart sind. Ohne Schutz überstehen Sie keine Temperaturen unter −5 °C.

Begleitstauden

Die immergrünen Lenz- und Christrosen (*Helleborus*) gedeihen auch im Schatten. Für Farbe im Frühjahr und Frühsommer sorgen das rosa und weiß blühend erhältliche Tränende Herz (*Lamprocapnos spectabilis*, Syn. *Dicentra spectabilis*), Leberblümchen (*Hepatica*), Mondviole (*Lunaria rediviva*) und, wenn der Boden saurer und humos ist, die beeindruckenden Dreiblattarten (*Trillium*). Auf keinen Fall dürfen Farne im Schattengarten fehlen. Der heimische Hirschzungenfarn (*Asplenium scolopendrium*, Syn. *Phyllitis scolopendrium*) ist immer- bzw. wintergrün und sorgt auch in der tristen Jahreszeit für etwas Farbe im Beet. Ebenfalls immergrün sind der exotische

Sichelfarn (*Cyrtomium fortunei*) und der heimische Tüpfelfarn (*Polypodium vulgare*).

Blattschmuck und Blüten machen die vielen Sorten des Purpurglöckchens (*Heuchera*) zu perfekten Gartenpflanzen. Die Blätter sind von Gelb über Grün, Silbrig, Purpurn oder Rosa in beinahe allen Farben gezeichnet. Die roten, weißen oder rosa Blütenstände erscheinen ab Mai bis Juli.

AUF EINEN BLICK

→ Schatten oder lichten Schatten findet man im Garten unter großen, alten Bäumen oder auf der Nordwestseite von Gebäuden, wo wenig Licht, aber immer noch genug Regen hingelangen.

→ Schattenbeete sind das Reich der Blattschmuckstauden und vieler Gräser.

→ Um Licht in dunkle Gartenecken zu bringen, können Sie Stauden mit weißen oder hellen Blüten oder weiß-grün panaschierten Blättern verwenden.

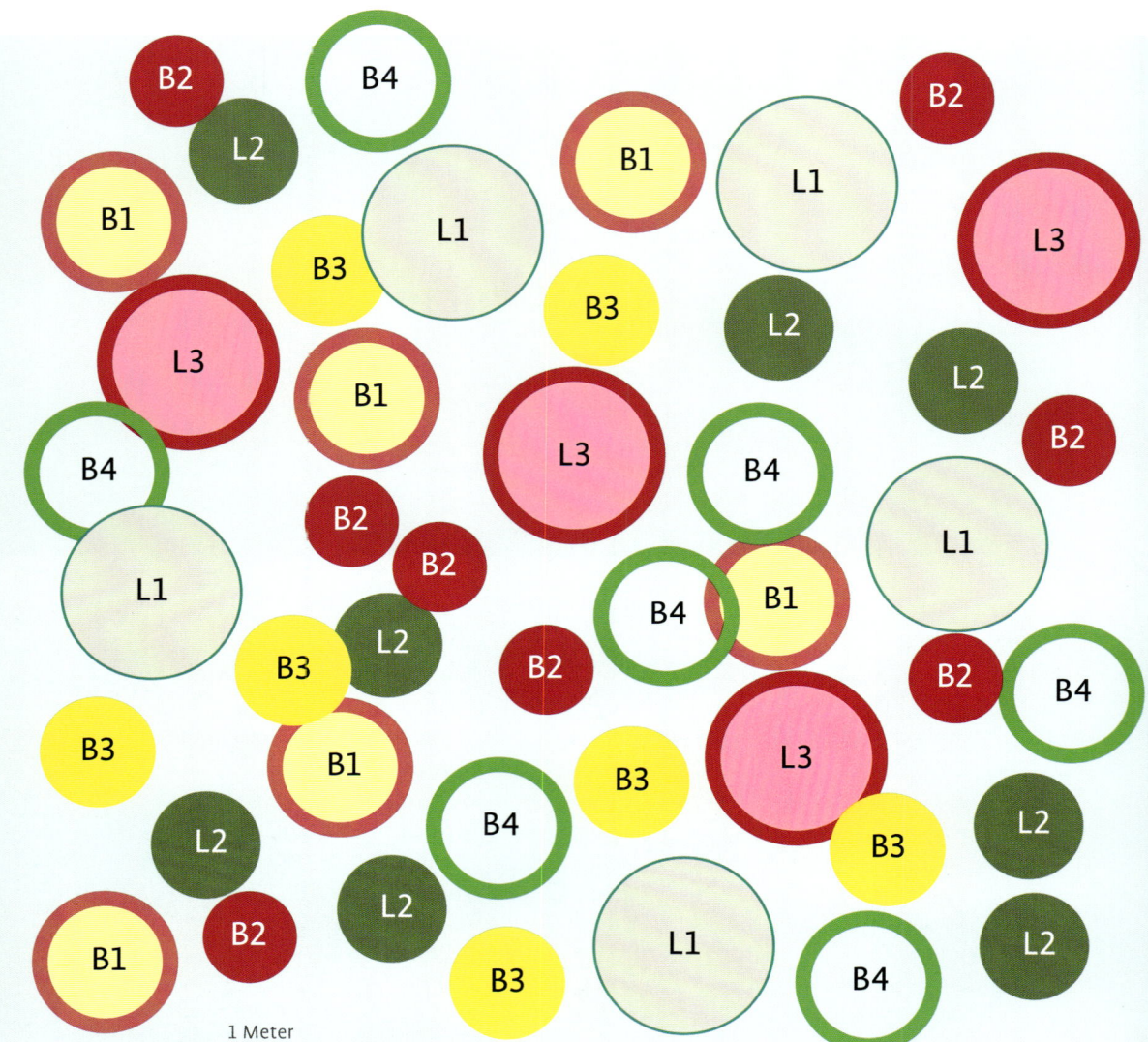

1 Meter

» Pflanzenverteilung für ein Schattenbeet unter Gehölzen mit drei verschiedenen Leitstauden und Leitgräsern (L1–L3) und fünf Begleit- und Füllstauden (B1–B4). Die Leit- und Begleitstauden werden in der Tabelle rechts beschrieben.

Bodendecker und Zwiebelblumen werden zwischen den Leit- und Begleitstauden verteilt.

Staudenmischung „Wintergold" für schattige, mäßig trockene Standorte*

Name	Stück/ 10 m²	Besonderheiten	Alternativen/Variation
Leitstauden (Gerüstbildner)			
Smilacina racemosa, Duftsiegel, Schattenblume (L1)	7	cremeweiße Blüte im Mai/Juni, Duft, im Herbst roter Fruchtschmuck, 60–80 cm	*Polygonatum hirtum, P. multiflorum* oder *P. odoratum*
Carex oshimensis 'Everillo', Oshima-Segge (L2)	10	Blätter goldgelb, immergrün, 30–40 cm	*Carex oshimensis* 'Evergold'
Digitalis grandiflora, Großblütiger Fingerhut (L3)	5	frischgrüne Winterrosetten, gelbe Blüte im Frühsommer	*Digitalis lutea*
Begleitstauden			
Helleborus foetidus, Palmblatt-Schneerose (B1)	9	frühe Blüte (ab Januar) in Hellgrün, immergrün, kurzlebig, versamt	*Helleborus × orientalis, Helleborus niger*
Heuchera villosa 'Chantilly', Silberglöckchen (B2)	10	hellgrünes Laub, cremeweiße Blüte im Hochsommer, wintergrün	
Füllstauden und Bodendecker			
Pseudofumaria lutea, Gelber Lerchensporn (B3)	8	gelbe Blüte ab April, extrem lange Blütezeit, wintergrüne, farnartige Rosetten, versamt in offene Stellen, kurzlebig	
Waldsteinia ternata, Teppich-Ungarwurz	24	gelbe Blüte im April/Mai, weitgehend wintergrün, bildet Ausläufer	Wald-Erdbeeren
Luzula sylvatica 'Wintergold', Wald-Hainsimse (B4)	12	wintergrün, goldgelbe Winterfärbung, im Sommer vergrünend	*Luzula sylvatica* 'Marginata' (gelber Blattrand)
Viola odorata 'Königin Charlotte', Duft-Veilchen	16	duftende, blauviolette Blüte im Frühling, sehr reichblühend, versamt	*Viola cornuta*
Zwiebelblumen			
Anemone blanda 'White Splendour', Balkan-Windröschen	50	große, weiße Blüten im April	'Blue Shades' (blau), 'Charmer' (rosa)
Scilla sibirica 'Spring Beauty', Sibirischer Blaustern	100	leuchtend blaue Blüte im April, sterile Sorte	*Chionodoxa* 'Blue Giant'
Weitere Stauden und Gräser, die Schatten vertragen			
Polygonatum 'Weihenstephan', Salomonssiegel	7	cremeweiße Blüte im Mai/Juni, vertikaler Akzent	*Polygonatum × hybridum* 'Striatum' (weiß-grün gestreifte Blätter)
Polystichum aculeatum, Gelappter Schildfarn	5	glänzend dunkelgrüne Wedel, anpassungsfähig, wintergrün	*Polystichum setiferum*
Helleborus × hybridus Lenzrose	5	weiße, rosa oder violette Blüte ab Februar, lange Blütenschmuckwirkung, wintergrün	
Epimedium × versicolor 'Sulphureum', Elfenblume	20	schwefelgelbe Blüte im April, rötliche Laubfärbung im Winter, anspruchslos	*Epimedium pubigerum*
Carex foliosissima 'Irish Green', Japan-Segge	32	wintergrün, wüchsig, bildet Ausläufer	*Luzula sylvatica* oder *Luzula sylvatica* 'Farnfreund'
Campanula trachelium, Nesselblättrige Glockenblume	5	kurzlebig, versamt sich aber reichlich	*Aquilegia vulgaris*

*) AK Pflanzenverwendung im BdS

❯❯ Storchschnabel (*Geranium*) und Seggen (*Carex*) ergänzen sich durch die unterschiedliche Blattstruktur und schlucken herabfallendes Herbstlaub.

Füller

Perfekte Füllstauden sind schattenverträgliche Storchschnäbel (*Geranium*) wie der Felsen-Storchschnabel (*G. macrorrhizum*) und der Oxford-Storchschnabel (*G. × oxonianum*), von denen weiß, rosa und magenta

Tipp

Eine dicke Laubschicht auf dem Beet verhindert im Herbst, dass die Samen von Birke, Ahorn oder Eichen keimen. Sie fallen ins lockere Laub, das für sie nicht feucht genug ist. Selbst wenn sie später doch Wurzeln bilden, trocknen diese fast immer nach ein paar Wochen ab. Laub liegen zu lassen spart also jede Menge lästigen Unkrautjätens, peppt den Boden mit Humus und Nährstoffen auf und hält die Feuchtigkeit im Wurzelbereich.

farben blühende Sorten gibt. Auch der heimische Braune Storchschnabel (*G. phaeum*) fühlt sich im Schatten wohl. Die Sorte 'Album' blüht weiß, 'Samobor' dunkelviolett.

Gräser

Während hohe Schattengräser wie das Riesen-Pfeifengras (*Molinia caerulea*) und die Hänge-Segge (*Carex pendula*) eher in die Kategorie Leitstauden passen, können Sie mit den niedrigeren Arten wie der Japan-Segge (*C. morrowii*) und der Palmwedel-Segge (*C. muskingumensis*) sowie Waldgräsern wie dem Plattährengras (*Chasmanthium latifolium*), der Wald-Schmiele (*Deschampsia cespitosa*) und dem Japan-Waldgras (*Hakonechloa macra*) schattige Beete bepflanzen. Letzteres gibt es auch mit gelb-grün und weiß-grün gestreifen Blättern.

Zwiebelblumen

Wenn im Frühjahr etwas mehr Licht auf die Beete fällt, können Sie Winterlinge (*Eranthis*), Veilchen (*Viola odorata* und *V. cornuata*), Balkan-Anemone (*Anemone blanda*) und Blaustern (*Scilla*) pflanzen.

Pflegetipps

Laub von Bäumen und Sträuchern sollte auf jeden Fall auf dem Beet liegen bleiben, da es die Pflanzen im Winter vor Kälte schützt und den Humusanteil im Boden verbessert. Es dient einer Vielzahl an Insekten und anderem Kleingetier als Lebensraum. Lediglich die Blätter von großblättrigen Stauden können abgeschnitten und kompostiert werden, damit andere Pflanzen nicht darunter ersticken.

Wenn im Hochsommer die Blätter bei Rodgersien durch Hitze und Trockenheit geschädigt wurden, können diese einfach abgeschnitten werden. Nach einer durchdringenden Bewässerung treiben die Pflanzen wieder gut aus und präsentieren sich nach wenigen Wochen erneut attraktiv im Beet.

Igel & Spitzmäuse

Die stacheligen Igel suchen im Laub nach Insekten und deren Larven, Regenwürmern und Schnecken. Im Herbst fressen sie auch Beeren und Fallobst. Unter Ast- und Zweighaufen graben sie sich Schlaf- und Nesthöhlen, in denen das Weibchen die Jungen zur Welt bringt. Igel dürfen keine Milch zu trinken bekommen, da sie die enthaltene Laktose nicht vertragen und daran sterben können.

Auch wenn Igel in einem naturnahen, abwechslungsreich bepflanzten Garten genug Nahrung finden, kann eine Zusatzfütterung im Frühling (nach der Winterruhe)

» Igel durchforsten jeden Abend Beete und Rasenflächen nach Käfern, Würmern und anderem Getier. Auch Schnecken und Schneckeneier stehen auf ihrer Speisekarte.

und im Herbst sinnvoll sein. Geeignet sind Katzen- oder spezielles Igelfutter. Achten Sie darauf, dass es nicht von Katzen, Ratten oder Füchsen gefressen wird.

Ein weiterer Bewohner schattiger Gartenbereiche und der Laubschicht ist die Spitzmaus. Es gibt mehrere Arten, die sich alle von Insekten und deren Larven ernähren. Oft hört man sie häufiger, als dass man sie sieht – das charakteristische Fiepen ist unverkennbar, wenn eine Spitzmausfamilie durch das Laub raschelt.

Spitzmäuse haben einen enormen Nahrungsbedarf, da ihr Herz mehrere Hundert Mal pro MInute schlägt. Manche Arten fressen pro Tag eine Menge von Insekten und anderen Wirbellosen, die fast dem eigenen Körpergewicht entspricht – perfekte Nützlinge also.

Kühle Schattenecken

schattig & feucht

Ob zarte Farne oder exotisch anmutende Blattschmuckstauden – im feuchten Schatten gedeihen viele verschiedene Pflanzen.

Für feuchte, schattige Stellen gibt es viel mehr Pflanzen als für trockene Schattenstandorte. Daher ist die Bepflanzung solcher Standorte im Garten kein Problem.

Leitstauden

Große Farne wie der Wurmfarn (*Dryopteris*) und die ausläuferbildenden Straußfarne (*Matteuccia struthiopteris* und *Matteuccia orientalis*) geben mit ihren filigranen Wedeln den Ton an. Der Königsfarn (*Os-*

munda regalis) erreicht mit einer Höhe von bis zu 1,5 m eine imposante Größe. Auch die bereits genannten Funkien (*Hosta*) kommen mit wenig Licht aus. Besonders Sorten mit gelb und weiß panaschierten, also mehrfarbigen Blättern entfalten im Schatten ihre volle Leuchtkraft. Hohe Blütenstauden sind der Chinesische Wald-Geißbart (*Aruncus sinensis* 'Zweiweltenkind') mit cremeweißen Blüten und die Oktober-Silberkerze (*Cimicifuga simplex* 'White Pearl') mit reinweißen Blütenkerzen. Letztere ist etwas hitzeempfindlich und daher für einen kühlen Platz mit hoher Luftfeuchtigkeit im Garten dankbar. Auch Schaublätter (*Rodgersia*) entfalten an luftfeuchten Standorten ihre Pracht besonders üppig. Das Salomonssiegel (*Polygonatum*) wächst im feuchten Schatten ebenfalls gut.

Begleitstauden

Zwischen den Leitstauden gedeihen kleinere Funkienarten und -sorten und das ganze Sortiment der Purpurglöckchen (*Heuchera*) und Schaumblüten (*Tiarella*). Sogar Bergenien wachsen noch gut, blühen aber im tiefen Schatten seltener. Als immergrüne Blattschmuckpflanzen, die zudem

» Duft-Veilchen (*Viola odorata*) gibt es in vielen Blütenfarben von Reinweiß über Rosa, Blau und Violett bis Purpurfarben. Manche Sorten haben sogar zweifarbige Blüten.

» Auch ohne Blüten kann Vielfalt entstehen. Durch unterschiedliche Blattformen bilden Farne, Funkien (*Hosta*) und die Telekie (*Telekia*) oben rechts eine abwechslungsreiche Beetkombination.

kaum von Schnecken angefressen werden, sind sie aber eine wertvolle Bereicherung. Ungewöhnlich für eine Schattenpflanze ist die Blütenfarbe Gelb. Der Farn-Lerchensporn (*Corydalis cheilanthifolia*) kombiniert seine Blüten mit einem fiedrigen Laub. Auch der Japanische Waldmohn (*Hylomecon japonica*) hat leuchtend gelbe Blüten. Ebenfalls aus Fernost stammen die weiß blühenden Verteter der Gattung *Smilacina*, das Traubige Duftsiegel (*S. racemosa*) und das Stern-Duftsiegel (*S. stellata*), die nicht nur attraktive, sondern auch duftende Blüten haben. So gar nicht zum Namen passen die filigranen blauen Blüten des Raulings (*Trachystemon orientalis*), der auch an trockeneren Standorten wächst. Unter den Farnen bleiben der Perlfarn (*Onoclea sensibilis*), die Hirschzunge (*Phyllitis scolopendrium*), der Pfauenradfarn (*Adiantum pedatum*) und der Rippenfarn (*Blechnum spicant*) niedriger.

Füllstauden

Dichte Blatt- und Blütenteppiche bildet das blau blühende Frühlings-Gedenkemein (*Omphalodes verna*). Nachts und am Abend entfaltet die sich selbst aussäende weiß blühende Mondviole (*Lunaria rediviva*) ihren betörenden Duft. Dazwischen breiten

AUF EINEN BLICK

→ Feuchte, dunkle und kühle Schattenecken findet man oft in Innenhöfen oder Gebäudenischen, die wenig oder keine direkte Sonne bekommen.

→ Durch die hohe Luftfeuchtigkeit gedeihen viele zarte Farne und Moose hier besonders gut.

→ Die Auswahl an Blütenpflanzen ist begrenzt. Es gibt aber viele Stauden mit buntem Laub, die den Blütenmangel ohne Probleme wettmachen.

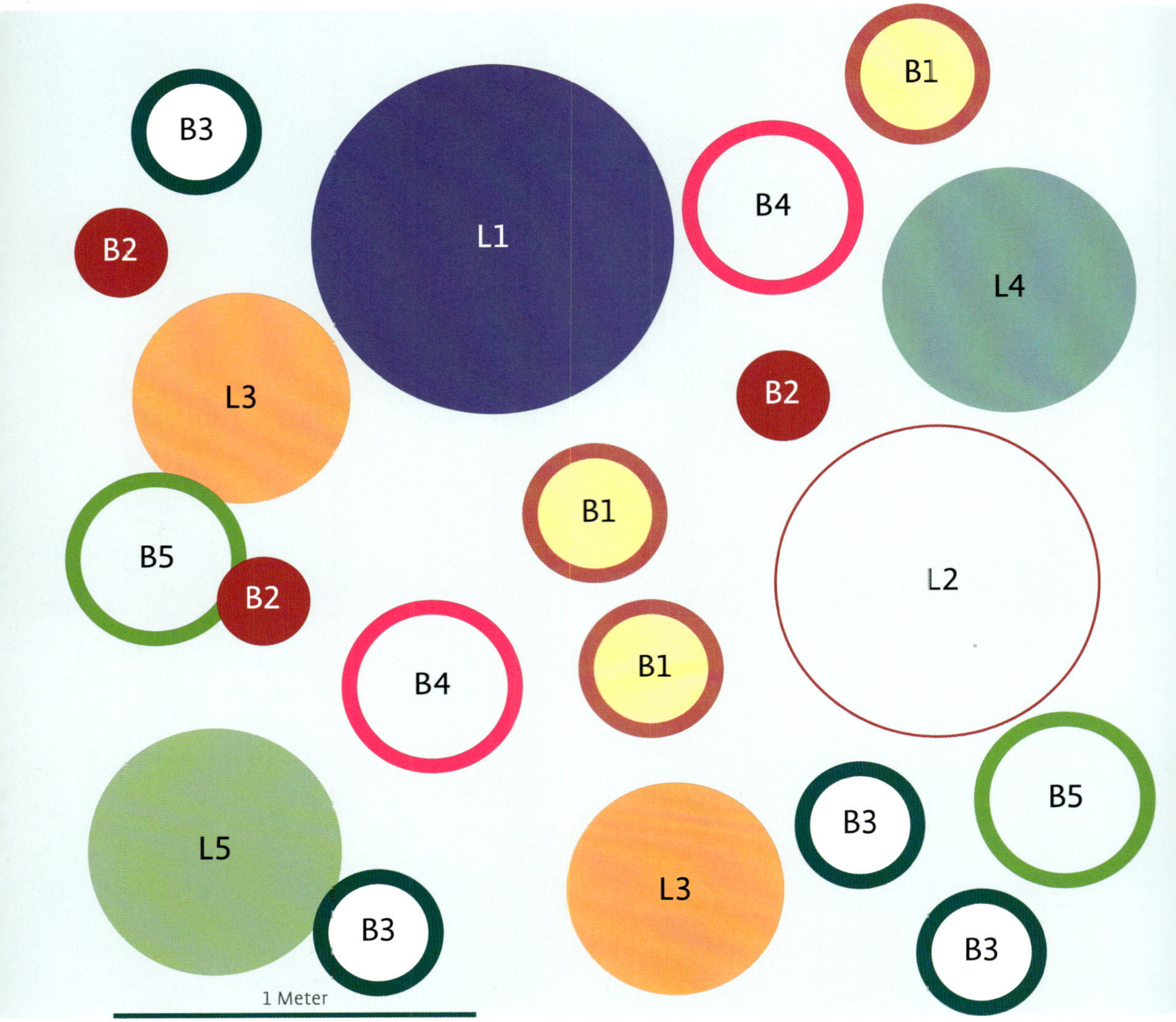

B3

B1

B2

L1

B4

B1

L4

L3

B2

B1

B5

L2

B2

B1

B4

B5

L5

B3

L3

B3

B3

1 Meter

>> Pflanzenverteilung für ein feuchtes Schatten-
beet mit fünf verschiedenen Leitstauden und
Leitgräsern (L1–L5) sowie fünf Begleitstauden
(B1–B5). Die Leit- und Begleitstauden werden
in der Tabelle rechts beschrieben.

Die Füllstauden und Bodendecker sowie
die Zwiebelblumen werden zwischen den
Leit- und Begleitstauden verteilt.

Staudenmischung „Schattenzauber" für schattige, feuchtere Standorte*

Name	Stück/ 10 m²	Besonderheiten	Alternativen/Variation
Leitstauden (Gerüstbildner)			
Clematis 'Cote d'Azur', Waldrebe (L1)	1	Blüte im Spätsommer bis Herbst, azurblau, Halbstrauch	Clematis 'China Purple' (violett)
Cimicifuga rubifolia, Sommer-Silberkerze (L2)	1	weißer Sommerblüher	Cimicifuga racemosa
Calamagrostis brachytricha, Diamant-Reitgras (L3)	2	grünlich-purpurne Rispen im Herbst, Herbstfärbung, standfest im Winter	Carex pendula
Hosta ventricosa, Glocken-Funkie (L4)	1	Blüte im Juli/August, violett, glänzend dunkelgrünes Laub, sät sich aus	Hosta ventricosa 'Aureo-marginata' (gelber Blattrand)
Rodgersia 'Die Stolze', Schaublatt (L5)	1	bronzefarbener Austrieb, glänzendes, kastanienartig geteiltes Laub, weiß-rosa Blüte im Juli, schöne rote Samenstände	Rodgersia sambucifolia 'Rothaut'
Begleitstauden			
Aster divaricatus 'Tradescant', Weiße Wald-Aster (B1)	3	Spätsommerblüher, lange Blütezeit, niedrige, weiße Schleieraster, zierende Samenstände, dunkle Stängel	Aster divaricatus
Kalimeris incisa 'Blue Star', Schönaster (B2)	3	Hochsommerblüher, hellblauviolett, Dauerblüher	Aster ageratoides 'Ezo Mura-saki' (blauviolette Blüten)
Helleborus × hybridus 'Sandra', (H.-orientalis-Gruppe), Lenzrose (B3)	4	wintergrün, Frühblüher ab März	Helleborus × hybridus (weiße Töne)
Persicaria amplexicaulis 'J. S. Cali-ente', Kerzen-Wiesenknöterich (B4)	2	kräftig rote Blütenähren im Spätsommer und Herbst, kompakt, 50–60 cm	Persicaria amplexicaulis 'Atropurpurea'
Polystichum aculeatum, Dorniger Schildfarn (B5)	2	wintergrün, filigranes Laub, breit trichterförmiger Habitus	Dryopteris affinis
Füllstauden und Bodendecker			
Aquilegia vulgaris var. stellata, 'Ruby Port', Akelei	3	kurzlebig, Blüte im Mai, versamt sich gut	Aquilegia vulgaris
Pseudofumaria lutea, Gelber Scheinlerchensporn	4	sehr lange Blütezeit, versamt sich in Lücken, kurzlebig, filigranes Laub	Corydalis solida (rosa bis weiß)
Epimedium × rubrum 'Galadriel', Elfenblume	10	bildet kompakte Horste, rötlicher Austrieb, rote Blüte im April, rötlich braune Herbstfärbung	Epimedium × rubrum
Heuchera 'Palace Purple', Purpurglöckchen	7	dunkel braunrotes Laub, rosa-weiße Blütenrispen im Sommer, wintergrün	Heuchera-villosa-Gruppe, beispielweise 'Mocha'
Zwiebelblumen			
Scilla siberica, Sibirischer Blaustern	100	langlebige, versamende Zwiebelpflanze, nicht lästig	Chionodoxa luciliae
Narcissus cyclamineus 'Jetfire', Alpenveilchen-Narzisse	50	kräftig gelb blühende, zierliche Narzisse, sehr reichblütig	Narcissus cyclamineus 'Jack Snipe'
Camassia leichtlinii subsp. suksdorfii, Leichtlins Prärielilie	8	Blüte im späten Frühjahr	Camassia cusickii 'Zwanenburg'
Lilium 'Claude Shride', (Lilium-martagon-Gruppe), Lilie	4	schwarzrote Blüte im Frühsommer, exotische Wirkung	Lilium 'Russian Morning' (Lilium-martagon-Gruppe) (dunkelpurpurrot)
Lilium 'Hyawatha' (Lilium-tigrinum-Gruppe), Lilie	4	Blüte im Juli, tief rot, exotische Wirkung	Lilium 'Salinas' (orientalische Hybride), Duft!

*) AK Pflanzenverwendung im BdS

» Das Japan-Waldgras (*Hakonechloa macra*) bildet wogende Halmbüschel, die den Übergang vom Beet zum Weg kaschieren. Die Sorte 'Aureola' hat gelb-grün gestreifte Blätter und bringt dadurch Licht in schattige Bereiche.

gerne versamt und manchmal durch rechtzeitiges Entfernen der Keimlinge in Schach gehalten werden muss. Weitere Arten sind die Breitblatt-Segge (*C. plantaginea*), die Vogelfuß-Segge (*C. ornithopoda*) und die Japan-Segge (*C. morowii*) sowie die Japan-Gold-Segge (*C. oshimensis*). Ebenfalls schön in dunkleren Gartenecken sind Schnee- und Wald-Hainsimse (*Luzula nivea* und *L. sylvatica*), das vielseitige Japan-Waldgras (*Hakonechloa macra*) sowie das Einblütige Perlgras (*Melica uniflora* 'Variegata').

sich Veilchen (*Viola*), Waldmeister (*Galium odorata*) und verschiedene Elfenblumen (*Epimedium grandiflorum*, *E. × cantabrigense* und *E. × perralchicum*) aus.

Gräser

Die größe Auswahl an Gräsern für den feuchten Schatten findet man bei den Seggen (*Carex*). Als Solitär eignen sich die Hänge-Segge (*C. pendula*), die sich aber

Tipp

Für große Kübel (ab 15 l Volumen) oder Miniteiche in schattigen Innenhöfen eignet sich der Riesen-Winter-Schachtelhalm (*Equisetum hyemale* var. *robustum*), eine beeindruckende, bis zu 1,5 m hohe Pflanze. Da er zum Wuchern neigt, sollte er im Garten nur mit Rhizomsperre gepflanzt werden und vor Wintersonne geschützt werden. Die Triebe halten sich auch gut in der Vase.

Moose

Moose sind perfekt an schattige Stellen angepasst und wachsen auf Felsen und Steinen, auf Rinde und dem Boden. Es gibt unglaublich viele Arten. Moose können ohne abzusterben komplett austrocknen und erwachen nach Regen, Tau oder hoher Luftfeuchtigkeit wieder „zum Leben".

Um Moose im Garten oder an besonders dunklen Stellen anzusiedeln, an denen keine anderen Pflanzen wachsen, gibt es zwei Möglichkeiten. Entweder man streut einfach trockene Moosstückchen auf die zu begrünenden Stellen oder man besprüht Steine und Holzstücke oder den Boden mit einer Mischung aus Wasser und Joghurt (10 : 1), auf der sich schnell von alleine Moose ansiedeln. Moose sind konkurrenzschwach und werden von Unkraut schnell überwachsen. Daher ist es wichtig, die „Moosbeete" regelmäßig von Sämlingen anderer Pflanzen zu reinigen. Zum Gießen eignet sich kalkfreies Regenwasser am besten.

Pflegetipps

Sommergrüne Gräser wie das Japan-Waldgras haben eine schöne Herbstfärbung und
sollten erst im Spätwinter ab Februar/März
zurückgeschnitten werden. Das Schnittgut
kann einfach gehäckselt und wieder auf
dem Beet verteilt werden. Dort übernehmen die Bodenorganismen die Kompostie-
rung und Zersetzung.

Im Reich der großen Käfer

Hirschkäfer sind die größten Käfer, die in
Europa vorkommen. Die Männchen erreichen eine Länge von bis zu 8 cm, die Weibchen bleiben mit 5 cm Länge etwas kleiner.
Das auffälligste Merkmal ist das „Geweih"
der Männchen, das aus den Oberkiefern
gebildet wird. Hirschkäfer leben in der Natur
in alten, naturbelassenen Wälder und legen
ihre Eier in verrottende Baumstümpfe von
Eichen, Buchen und anderen Waldbäumen,
aber auch Kirschen, Apfelbäume, Pappeln
oder Linden und andere Laubbäume dienen
als Kinderstube. Auch in den Garten lassen
sie sich locken. Entweder stellen Sie im
Schattengarten an einer Stelle, die wenig
gestört wird, einen oder gleich ein paar
dicke Baumstämme auf, oder Sie schütten

❯❯ Hirschkäfer kommen nicht nur in naturnahen
Wäldern vor. In Totholzhaufen oder zwischen
Holzhackschnitzeln fühlen sich die Larven
genauso wohl.

Sich Moos breitmacht?

➡ Moose sind faszinierende Pflanzen,
die mit wenig Licht zurechtkommen, komplett austrocknen können
und nach einem Regen schnell wieder zum Leben erwachen.

➡ Bekämpfen Sie Moos nicht, denn
es bringt Grün an Stellen, wo keine
anderen Pflanzen wachsen.

einen Haufen Holzhackschnitzel auf. Es
dauert etwa drei bis vier Jahre, bis das Holz
soweit zersetzt und weich genug ist, dass
die Käfer ihre Eier ablegen können. Trotz der
Größe sind die prächtigen Käfer recht mobil
und fliegen gezielt verrottende Holzstämme
zur Eiablage an. Da auch die Larven mehrere
Jahre benötigen, um sich zu entwickeln, ist
Geduld gefragt, bis man eigene Käferriesen
im Garten beobachten kann.

Ein weiterer „Mulmkäfer", der verrotte-
tendes Holz zu Vermehrung braucht, ist der
Nashornkäfer. Er hat sich im Gegensatz zu
den „Urwaldkäfern" wie dem Juchtenkäfer
oder dem Hirschkäfer schon viel besser
an den Menschen angepasst und nutzt
auch Rindenmulch, Sägespäne und sogar
Komposthaufen zur Eiablage, wenn sie viel
holziges Material enthalten.

Schattenparadiese für Igel, Lurch & Co.

Ob kühl und feucht oder trocken und warm – in schattigen Beeten fühlen sich viele nützliche Tiere wohl. Ein Grund mehr, sie in den Garten zu locken.

» Feuersalamander benötigen feucht-kühle Schattenbereiche.

Lurche & Molche

Die häufigsten Molche in unseren Gärten sind **Bergmolche** (*Ichthyosaura alpestris*). Da ihr ursprünglicher Lebensraum (dichte Laubwälder) immer trockener wird, sind naturnahe Gärten perfekte Rückzugsgebiete. Wie andere Molcharten sind Bergmolche nachtaktiv und verstecken sich tagsüber an schattigen Stellen unter Steinen, dicken Ästen oder Holzstapeln. Sie fressen Käfer, Regenwürmer und anderes Kleingetier. Im Frühjahr wandern sie zu benachbarten Gewässern, um zu laichen – noch ein Grund mehr, einen Teich im Garten anzulegen. Weitere Molcharten, die man im Garten antreffen kann, sind **Teichmolche** (*Lissotriton vulgaris*) und **Kammmolche** (*Triturus cristatus*).

Feuersalamander (*Salamandra salamandra*) sind eigentlich reine Waldbewohner. Naturnahe Gärten, die am Waldrand liegen, sind bei den schwarz-gelb gemusterten Lurchen besonders beliebt, da sie eine Fülle an Nahrungsgetier bieten. Feuersalamander sind typische Schlechtwetter-Tiere, die in feuchten Regennächten aktiv werden. Daher lohnt es sich, in der Dämmerung mit der Taschenlampe auf Safari zu gehen. Feuersalamander legen im Gegensatz zu Molchen keine Eier in Gewässer, sondern paaren sich an Land. Das Weibchen begibt sich dann im Frühjahr zu einem geeigneten Gewässer und gebärt seine Larven direkt ins Wasser. Die dicken Drüsen an den Kopfseiten produzieren ein schwaches Gift, das für den Menschen ungefährlich ist. Dennoch sollte man die Tiere nicht in die Hand nehmen.

MATERIAL

- Korb oder Holzkiste
- Trockenes Reisig, Äste
- Laub und/oder Stroh

Igel

Igel (*Erinaceus europaeus*) fressen Käfer, Würmer und Schnecken. Sie schlafen tagsüber in großen Laub- und Reisighaufen. Sie können den stacheligen Insektenfressern aber auch eine Bleibe in Form eines umgestülpten Korbs oder einer Holzkiste anbieten, in die ein Einschlupfloch geschnitten oder gesägt wurde. Eine dicke Schicht aus Reisig, Zweigen und Laub isoliert das Igelhaus gegen Kälte und hält Regen und Feuchtigkeit ab. Die Schlafkammer wird mit trockenem Laub oder Stroh gefüllt. Igel sollten nur dann gefüttert werden, wenn das Futter für Katzen, Ratten und Marder unzugänglich ist. Eine Tränke oder ein Teich werden jedoch gern angenommen.

» Ein alter Korb oder eine Holzkiste lassen sich einfach als Igelversteck verwenden.

Tigerschnegel

Schnecken in den Garten locken? Was auf den ersten Blick paradox klingt, ist durchaus sinnvoll. Der prächtige **Tigerschnegel** (*Limax maximus*) vertilgt nämlich mit Vorliebe die Eier von anderen Schnecken und macht dabei auch vor ausgewachsenen Nacktschnecken nicht halt. Da Tigerschnegel auch Pilze und abgestorbene Pflanzen fressen, kann man ihnen mit ein paar Champignonscheiben im Schattenbeet das Leben versüßen und sich für die Nacktschneckenvertilgung im Garten bedanken.

» Tigerschnegel unterscheiden sich von anderen Nacktschnecken durch die an Leopardenflecken erinnernde Zeichnung.

Noch mehr Tiere im Schatten

➡ Laufkäfer bevorzugen trockenere Stellen und fressen Schneckeneier und Würmer.

➡ Spinnen lieben dunkle Ecken als Versteck und machen Jagd auf Insekten.

➡ Kröten und Grasfrösche ziehen sich bei Sommerhitze in kühle Schattenecken zurück.

SERVICE

Auf den folgenden Seiten finden Sie Adressen, Informationen, Bezugs- quellen für Stauden, Blumen und Gehölze so- wie Literatur zum Weiterlesen.

>> Bild Seite 120/121: Der dunkellaubige Bartfaden (*Penstemon digitalis* 'Husker's Red') setzt einen schönen Kontrast zu den zarten Gräsern wie dem Herbst-Kopfgras (*Sesleria autumnalis*) und dem feinen Federgras (*Nasella tenuissima*, Syn. *Stipa tenuissima*).

Bezugsquellen & Literatur

Infos über Stauden

www.stauden.de
Website des Bunds deutscher Staudengärtner (BdS)

www.gds-staudenfreunde.de
Website der Gesellschaft der Staudenfreunde e. V.

www.staudenmix.de
www.staudenmischungen.de
Homepage über Staudenmischungen und Mischpflanzungen

Alle Gärtnereien im
Bund deutscher Staudengärtner
www.stauden.de

Alle Gärtnereien im **Staudenring**
www.staudenring.com

Stauden

Foerster Stauden
Am Raubfang 6
14469 Potsdam-Bornim
www.foerster-stauden.de

Pflanzenhof Schachtschneider
In den Bergen 37–39
27801 Dötlingen-Aschenstedt
www.schachtschneider.com

Pöppel-Stauden
Hauptstrasse 95
28816 Stuhr-Seckenhausen
www.poeppel-stauden.de

Jelitto Staudensamen
Am Toggraben 3
29690 Schwarmstedt
www.jelitto.com

Stauden Junge
Seeangerweg 1
31787 Hameln
www.stauden-junge.de

Arends Staudengärtnerei
Monschaustraße 76
42369 Wuppertal
www.anja-maubach.de

Stauden Stade
Beckenstrang 24
46325 Borken
www.stauden-stade.de

Stauden Becker
Försterstraße 42
46539 Dinslaken
www.stauden-becker.de

Gärtnerei Strickler
Lochgasse 1
55232 Alzey-Heimersheim
www.gaertnerei-strickler.de

Staudengärtnerei Eidmann
Groß-Umstädter-Straße 20
64823 Groß-Umstadt-Semd
staudengaertnerei-eidmann.de

Staudengärtnerei Kirschenlohr
Im Lammsbauch 29, 673346 Speyer
www.stauden-kirschenlohr.de

Syringa Pflanzen
Bachstraße 7
78247 Hilzingen-Binningen
www.syringa-pflanzen.de

Staudengärtnerei Hügin
Zähringer Straße 281
79108 Freiburg
www.ewaldhuegin.com

**Staudengärtnerei
Gräfin von Zeppelin**
Weinstraße 2
79295 Sulzburg-Laufen
graefin-von-zeppelin.de

Die Staudengärtnerei
Alte Iphöfer Straße 27
97348 Rödelsee
www.die-staudengaertnerei.de

Gärtnerei Simon
Staudenweg 2
97828 Marktheidenfeld
www.gaertnerei-simon.de

Staudengärtnerei Gaißmayer
Jungviehweide 3
89257 Illertissen
www.gaissmayer.de

Sarastro-Stauden (Österreich)
Ort 131
4974 Ort im Innkreis
www.sarastro-stauden.com

Zwiebelblumen

Albert Treppens
Berliner Str. 84–88, 14169 Berlin
www.treppens.de

Küpper Blumenzwiebeln & Saaten
Hessenring 22, 37269 Eschwege
www.kuepper-bulbs.de

Bernd Schober
Stätzlinger Str. 94a
86165 Augsburg
www.der-blumenzwiebelversand.de

Fluwel V.O.F. (Niederlande)
Belkmerweg 20 A
NL-1754 GB Burgerbrug
www.fluwel.de

De Warande (Niederlande)
Kerkhoflaan 3d
NL-7251 JW Vorden
www.starkezwiebeln.de

Baumschulen & Rosen

Baumschule Lorenz von Ehren
Maldfeldstraße 4, 21077 Hamburg
www.lve-baumschule.de

Baumschule Horstmann
Bergstraße 5
25582 Hohenaspe
www.baumschule-horstmann.de

Eggert Pflanzenhandel
Baumschulenweg 2
25594 Vaale
www.eggert-baumschulen.de

Baumschule Martin Dieck
Herrenkamp 1
27254 Siedenburg
www.pflanzenraritaeten.com

Kordes Rosen
Rosenstraße 54
25365 Klein Offenseth-
Sparrieshoop
www.rosen.de

Rosen Tantau
Tornescher Weg 13
25436 Uetersen
www.rosen-tantau.com

Noack Rosen
Im Fenne 54
33334 Gütersloh
www.noack-rosen.de

Rosenhof Schultheis
Bad Nauheimer Str. 3–7
61231 Bad Nauheim
www.rosenhof-schultheis.de

RosenPark Dräger
Freiacker 1
61231 Bad Nauheim
www.rosenpark-draeger.de

Zum Weiterlesen

Abicht, K. (2019): Gehölze hoch zwei, 180 Bäume und Sträucher für die Gartengestaltung. Verlag Eugen Ulmer, Stuttgart.

Bailey, N. (2020): Refresh your garden – Pflanzen und Strukturen erkennen und neu gestalten. Verlag Eugen Ulmer, Stuttgart.

Barlage, A. (2018): Das große Ulmer Rosenbuch – Verwendung, Pflege und Sorten für jede Gartensituation. Verlag Eugen Ulmer, Stuttgart.

Bärtels, A. (2019): Blütenbäume für den Hausgarten – 108 Arten und Sorten. Verlag Eugen Ulmer, Stuttgart.

Boomgaarden, H., B. Oftring & W. Ollig (2018): Naturgarten für Anfänger – 35 Ideen für nachhaltiges Gärtnern. Verlag Eugen Ulmer, Stuttgart.

Gaißmayer, D., & F. M. von Berger (2018): Alte Staudenschätze – bewährte Arten und Sorten wiederentdecken und verwenden, Verlag Eugen Ulmer, Stuttgart.

Hofmann, T., & T. Matschiess (2018): Und es wächst doch! Gräfe und Unzer, München.

Heißel, K., & M. Haberer (2020): Stauden. Verlag Eugen Ulmer, Stuttgart.

Kreß, C. (2017): Meine Welt der Stauden – Staudenbeete anlegen, pflegen und verändern. Verlag Eugen Ulmer, Stuttgart.

Kullmann, F. (2017): Garten step-by-step. Gräfe und Unzer, München.

Lepple, A. (2020): Genießen statt Gießen – Trockenheitstolerante Gärten gestalten. Verlag Eugen Ulmer, Stuttgart.

Lugerbauer, K. (2017): Schattenstauden – die dunkle Seite des Gartens. Verlag Eugen Ulmer, Stuttgart.

Nagel, C. (2019): Mein summendes Paradies. Gräfe und Unzer, München.

Oftring, B. (2020): Wird das was oder kann das weg? Erwünschte und unerwünschte Gartenpflanzen erkennen. Franckh-Kosmos Verlag, Stuttgart.

Elke Schwarzer, Mein Bienengarten – Bunte Bienenweiden für Hummeln, Honig- und Wildbienen, Verlag Eugen Ulmer, Stuttgart 2020

Schwarzer, E. (2019): Mein Schmetterlingsgarten, schöne Pflanzen für Falter und Raupe. Verlag Eugen Ulmer, Stuttgart.

Schwarzer, E. (2020): Meise mag Melisse – mit den richtigen Pflanzen Lebensräume schaffen für Insekten, Vögel & Co. Verlag Eugen Ulmer, Stuttgart.

Schacht, M. (2017): Mein Blumengarten – wie er mir gefällt. Verlag Eugen Ulmer, Stuttgart.

Willery, D. (2018): Was wächst wo? 1900 Gartenpflanzen für jeden Standort. Verlag Eugen Ulmer, Stuttgart.

Nachgeschlagen

Bildquellen

Alle Fotos von gartenfoto.eu/Martin Staffler mit Ausnahme der folgenden:
flickr/Aah-Yeah (118), /Frank Vassen (74); Flora Press/Evi Pelzer (29); GAP Photos/
Dave Zubraski (Titelbild); GMH/Bettina Banse (13, 27, 58, 62, 66, 86, 89, 94, 110,
112; GPP/Appeltern (24), /BGL (14, 90); Lucia Franziska Klingel (48-2);
Folko Kullmann (18, 20, 21, 34, 47); Kristijan Matic (43-1, 43-2, 43-3, 43-4, 43-5,
45-1, 45-2, 45-3, 45-4, Autorenfoto hintere Klappe); Marion Nickig (36); Ondrej
Prosicky/Shutterstock.com (Igel hintere Klappe); Pixabay (111); pxhere.com (117);
wikimedia/028mdk09 (119-2), /Ekko (51-2), /Frank Schwichtenberg (97-1), /
H. Krisp (96), /Jürgen Hamann (95), /Mandes Rupp (83), /Piotr Piatkowski (75-1), /
Roman Eisel (61), /Rosa-Maria Rinkl (97-2), /Tortuosa (105)

Alle Zeichnungen von Susanne Dinkel.

Impressum

Die in diesem Buch enthaltenen Empfehlungen und Angaben sind vom Autor mit größter Sorgfalt
zusammengestellt und geprüft worden. Eine Garantie für die Richtigkeit der Angaben kann aber
nicht gegeben werden. Autor und Verlag übernehmen keinerlei Haftung für Schäden und Unfälle.

Bibliografische Information der Deutschen Nationalbibliothek
Die Deutsche Nationalbibliothek verzeichnet diese Publikation in der Deutschen National-
bibliografie; detaillierte bibliografische Daten sind im Internet über http://dnb.d-nb.de abrufbar.

© 2021 Eugen Ulmer KG
Wollgrasweg 41, 70599 Stuttgart (Hohenheim)
E-Mail: info@ulmer.de
Internet: www.ulmer.de

Lektorat: Michael Kokoscha
Herstellung: Silke Reuter
Umschlaggestaltung: Antje Warnecke, nordendesign
Klappengestaltung: Anette Vogt, red.sign, Stuttgart
Layout und Satz: Kullmann & Matic GbR, Stuttgart
Gestaltungskonzept Innenteil: red.sign, Stuttgart
Reproduktion: timeRay Visualisierungen, Jettingen
Druck und Bindung: Westermann Druck, Zwickau
Printed in Germany

ISBN 978-3-8186-1303-7

Hier können Sie weiterlesen

Mein Schmetterlingsgarten.
Schöne Pflanzen für Falter und Raupe.
E. Schwarzer. 2019. 128 Seiten,
111 Farbfotos, Klappenbroschur.
ISBN 978-3-8186-0378-6.

Unsere Gärten werden für Schmetterlinge als Zufluchtsort und Nektartankstelle immer wichtiger. Aber was können wir konkret tun, damit sich die flatterhaften Gartenbesucher wohlfühlen? Integrieren Sie Schmetterlingspflanzen in Ihre Gartengestaltung, um die feine Fluggesellschaft anzulocken, und erfreuen Sie sich am Anblick der verschiedenen Falter-Arten. Auch im Kleinen kann man Raupen und Schmetterlingen das Leben erleichtern und sich an Farbenpracht und Flugmanövern erfreuen. Die vorgestellten Nektar- und Raupenfutterpflanzen sind hübsch und passen auch in kleine Gärten oder gar auf den Balkon.

Weltretten fängt im eigenen Garten an

Mehr Natur im Garten. Einfache Projekte mit großer Wirkung für lebendige Vielfalt. M. Gastl. 2021. 128 Seiten, 93 Farbfotos, Klappenbroschur. ISBN 978-3-8186-1346-4.

Bienen retten. Wildbienenfreundliche Projekte für Balkon, Terrasse und Garten. S. Hopfenmüller, E. Stangler. 2021. 128 S., 126 Farbfotos, Klappenbroschur. ISBN 978-3-8186-1227-6.

Garten ohne Gießen. Mit 44 trockenheitstoleranten Pflanzen clever gärtnern. A. Lepple. 2021. 128 S., 93 Farbfotos, Klappenbroschur. ISBN 978-3-8186-1228-3.

Plastikfrei gärtnern. Über 150 nachhaltige Alternativen und Upcycling-Ideen. E. Schwarzer. 2021. 128 Seiten, 109 Farbfotos, Klappenbroschur. ISBN 978-3-8186-1226-9.

Tatsächlich kann jeder in seinem Garten und auch schon auf dem Balkon etwas für Tiere und das Klima tun und sich selbst gut für extreme Wetterereignisse rüsten. Die durchdachten und nachhaltigen Ideen bringen außerdem mit sich, nicht nur die Natur, sondern auch Sie glücklich zu machen. Weil Sie neben sonstigen Ressourcen auch Geld und Arbeit sparen, Neues entdecken und die Umsetzung Spaß und Ausgleich bringen.